HEDVIG MONTGOMERY

Die Hedvig-Formel für eine glückliche Familie

Aus dem Norwegischen von Nina Hoyer

ROWOHLT POLARIS

Deutsche Erstausgabe

Veröffentlicht im Rowohlt Taschenbuch Verlag,

Hamburg bei Reinbek, Mai 2019

Copyright © 2019 by Rowohlt Verlag GmbH, Hamburg bei Reinbek

Die norwegische Originalausgabe erschien 2018 bei Pilar Forlag AS,

Oslo, unter dem Titel «Foreldremagi»

Copyright © Hedvig Montgomery & Eivind Sæther 2018

Redaktion Ulrike Gallwitz

Umschlaggestaltung Hauptmann & Kompanie Werbeagentur, Zürich,

nach dem Original von Hedvig Montgomery & Eivind Sæther 2018

Satz Dörlemann Satz, Lemförde,

nach der Originalausgabe

Druck und Bindung GGP Media GmbH, Pößneck

ISBN 978 3 499 00017 1

INHALT

ALS WÄRE ES ZAUBEREI

Manchmal ist das Elternsein einfach. Das Kind geht problemlos zu Bett, schläft nachts durch, isst mit Messer und Gabel, zieht sich selbständig an und geht mit einem Lächeln zur Schule oder in die Kita. Man kann ihm ansehen, dass es zufrieden ist. Aber dann sind da diese vielen anderen Male ... Kinder, die nicht schlafen wollen, Kinder, die nicht essen wollen, Kinder, die sich streiten, und Kinder, die heulen und schreien – auch das gehört zur Erziehung dazu. Was also tut man, wenn das Kind auf dem Rückweg vom Kindergarten in aller Öffentlichkeit plötzlich einen Trotzanfall bekommt? Oder wenn Sie morgens einen schlechten Start haben und Ihr Kind nicht in die Schule gehen will? Oder auch, wenn Schlafenszeit ist und der ganze Körper schon vor Schlafmangel schmerzt, während Ihr Einjähriger seinen Kopf am liebsten gegen die Gitterstäbe schlagen will? In Situationen wie diesen reagieren die meisten Eltern zu stark oder zu sanft: Verlieren die Beherrschung und werden zu laut oder zu grob, nur um sich anschließend wie ein Versager vorzukommen. Oder geben nach, verschließen, so gut es eben geht, die Augen und fühlen sich dabei vollkommen machtlos.

Doch es gibt einen *dritten Weg*. Einen Weg, bei dem Sie Ihr Kind besser verstehen, bei dem Sie es so erkennen, wie es ist – und Sie sich zugleich selbst erkennen, vor dem Hintergrund der eigenen Kindheit, der eigenen Biographie. Mit diesem Buch möchte ich Ihnen Möglichkeiten aufzeigen, wie Sie als Eltern oder Elternteil die Kontrolle bewahren und schwierige Situationen, die garantiert auftreten werden, in den Griff bekommen – so als wäre es Zauberei.

Das vorliegende Buch ist der erste Band in einer Reihe von Elternratgebern. Es ist ebenso für diejenigen geschrieben, die zum ersten Mal Eltern werden, wie auch für all jene, die bereits Kinder haben und sich über die wichtigsten Grundlagen der Kindererziehung informieren möchten. Diese ist ein langfristiges Projekt, das eine Zeitspanne von etwa 20 Jahren umfasst. Es ist also nie zu spät, damit anzufangen. Während die nachfolgenden Bände Einblick in die verschiedenen Altersstufen der Kinder geben, will ich Ihnen in diesem Buch die wesentlichen Elemente vermitteln, mit denen Sie Ihrem Kind Sicherheit und Geborgenheit schenken können.

Dazu gebe ich Ihnen sieben einfache Schritte an die Hand, die

Ihnen helfen sollen, die Mutter oder der Vater zu sein, die bzw. der Sie gerne sein möchten.

Durch meine zwanzigjährige Erfahrung als Psychologin und Familientherapeutin weiß ich nämlich eines mit Sicherheit: Alle wollen gute Eltern sein, alle wollen das Beste für ihre Kinder. Und trotzdem machen wir laufend Fehler. Nicht immer ist man sich darüber im Klaren, welcher Weg der richtige ist, und die meisten von uns kennen dieselben Fragen und Sorgen. Das Elternsein hält so viele kleine und große Herausforderungen für einen bereit, dass es schier unmöglich ist, auf alles vorbereitet zu sein, was auf einen zukommt.

Und so machen viele sehr schnell die Erfahrung, wie schwer es manchmal ist, seiner Elternrolle gerecht zu werden. Jenes Dilemma hat mich dazu bewogen, dieses Buch zu schreiben. Denn in keinem anderen Bereich des Lebens kann man so viel bewirken wie in der Kindererziehung, und ich weiß, dass häufig gar nicht viel nötig ist, um als Eltern schwierige Situationen etwas besser zu meistern.

Ziel dieses Buches ist es nicht, Sie zu perfekten Eltern zu machen – die gibt es nicht. Eine Kindheit ohne Probleme ist nur ein Märchen und deshalb auch nichts, wofür man sich abmühen sollte.

Um Kinder zu selbständigen, glücklichen und optimistischen Menschen heranzuziehen, die sich mit ihrem Umfeld im Einklang befinden, ist es aber wichtig, eine gute emotionale Bindung zu ihnen aufzubauen – und ein *Wir* zu erschaffen. Wie Sie das anstellen, möchte ich Ihnen zeigen, und auch, wie Sie diese Bindung trotz aller Widrigkeiten bewahren können. Sie sollte in durchwachten Nächten, bei fiebrigen Infekten, den ersten Schritten und den ersten Schürfwunden Bestand haben, bei Schulanfängen, höllisch schweren Rechenaufgaben und der unglücklichen ersten Liebe, bei allen Erfolgen und Rückschlägen des Alltags.

Denn so ist das Leben: Es wird Ihnen und Ihren Liebsten ein Auf und Ab bescheren. Und währenddessen haben Sie vor allem eine Aufgabe: die Bindung zu bewahren. So lange, bis alle erwachsen geworden sind.

Ich möchte Ihnen durch die wichtigsten Phasen des Heranwachsens hindurch Orientierung bieten, indem ich Ihnen zeige, was es heißt, eine Familie zu sein. Eine eingeschworene Gemeinschaft. Wie kann man seinem Kind das Gefühl geben, dazuzugehören? Was vermittelt Kindern Geborgenheit und ein gutes Selbstgefühl? Und wie kann man das ganze Gefühlrepertoire seines Kindes verstehen und damit umgehen? Ich will Ihnen an Tagen voller Konflikte und Streit ein Wegbegleiter sein und Sie dazu auffordern, sich mutig Ihrer eigenen Geschichte zu stellen und sich anzusehen, welche Auswirkungen Ihre Verhaltensmuster auf die Beziehung zu Ihrem Kind haben. Wie können Sie es vermeiden, überzureagieren oder entmutigt zu werden? Und was können Sie tun, wenn doch einmal alles außer Kontrolle gerät?

Man ist nicht automatisch eine gute Mutter oder ein guter Vater, aber die meisten können es werden – und alle können dazulernen und sich verbessern. Das Elternsein erfordert Klugheit, Wissen, jede Menge Mut und viel Selbsterkenntnis und verlangt einem mitunter mehr ab, als man ahnt, aber das Gute daran ist:

Bessere Eltern werden auch zu besseren Menschen.

Mit anderen Worten – der Einsatz lohnt sich!

Doch der Anfang von allem ist, dass Sie etwas für die *Bindung* zwischen sich und Ihrem Kind tun.

Denn sie muss ein Leben lang halten, Sie sollten also gut auf sie achtgeben.

Das ist Ihre bedeutendste Lebensaufgabe.

Kindererziehung geschieht laufend

Meine Praxis liegt nur einen Steinwurf vom Osloer Schloss entfernt in einem großen weißen, ehrwürdigen Gebäude. Ich habe die Räume von einer alten Dame gemietet. Es gibt dort eine schöne Holztreppe, die bei jedem Schritt knarrt, und ein Fenster, vor dem alle fünf Minuten die Straßenbahn vorbeirattert. Mein Gesprächszimmer ist behaglich, ausgelegt mit einem Teppich, hat ein Bücherregal voller Fachbücher und eine Couch. Ich arbeite mittlerweile seit zwei Jahrzehnten in meinem Beruf und übe ihn immer noch gerne aus. Als junge, frisch ausgebildete Psychologin hatte ich nie in der Familientherapie arbeiten wollen. In meiner Kindheit war das Fundament meiner eigenen Familie kräftig erschüttert worden und machte einen Teenager aus mir, der mir im Rückblick ziemlich fremd erscheint. Irgendwann bekam ich selbst Kinder – zuerst mit einem früheren Partner, dann mit dem Mann meines Lebens, einem ungekünstelten Kerl, der Höhenangst hat und es liebt, alte Holzboote aufzumöbeln.

Jahr für Jahr sind unzählige Familien die knarrende Treppe zu mir hochgestiegen. Und ganz allmählich ist das mein Lebensinhalt geworden. Ich habe mit Familien gearbeitet, Fortbildungen gegeben und Vorträge gehalten – und nach bestem Vermögen versucht, mein eigenes Leben gut einzurichten.

Der Glaube, Kindererziehung sei das, was man tut, wenn sich die Kinder schlecht benehmen, gehört zu den größten Missverständnissen, denen Eltern aufsitzen können. Viele denken, Kindererziehung sei die Art und Weise, wie sie mit ihrem Kind reden, wenn es etwas falsch macht. Aber Erziehung ist das, was in einer Familie, der Schule oder im Kindergarten laufend geschieht. All die Rückmeldungen, die man den Kindern gibt, die vielen kleinen Codes,

WIR ÄNGSTLICHEN

Alle Neugeborenen empfinden zuallererst Angst, wenn sie auf die Welt kommen. Nackt und hilflos werden wir der Kälte, dem Licht und den Geräuschen ausgesetzt. Und von unserem ersten Atemzug an ist unser Nervensystem auf Verteidigung eingestellt. Die Angst ist tief in unserem Inneren verwurzelt, sie lauert immer in der Nähe, ist eine Art menschliche Grundausstattung. Wir weinen, weil das die einzige Form ist, uns zu äußern, und weil wir ganz und gar abhängig von dem Kontakt sind, den dies herstellt.

So ist es nun mal – Angst überfällt uns rasch, Sicherheit und Geborgenheit brauchen Zeit.

Und deshalb kommt es den Erwachsenen zu, uns in unserem Leben diese Sicherheit und Geborgenheit zu geben. Die Erwachsenen schaffen Vertrauen, errichten Beziehungen, die uns die Erfahrung schenken, dass wir gut behütet sind. Sie nehmen uns in den Arm, bringen uns bei, mit Gefühlen umzugehen, halten uns aus und lieben uns, sind immer für uns da.

Das alles verlangt einem viel ab, aber je stärker wir die Erfahrung machen, dass die Welt ein Ort der Geborgenheit ist, desto besser wird es uns ergehen.

die man ihnen beibringt, wenn das Leben harmonisch läuft – die Summe all dessen ist Kindererziehung.

Das, was ich «Zauberei» nenne, passiert jeden Tag, an Tagen, die nicht besonders hervorstechen, im Alltag. Zur Kindererziehung gehört die Unterhaltung beim gemeinsamen Abendessen, die Art, wie man seinen Partner ansieht, wie man den Saft ausschenkt oder Fremden gegenüber auftritt. Es ist die Atmosphäre in den heimischen vier Wänden, die Art, wie man mit den Kindern spielt und welche Person man im Hintergrund ist – beim Windelwechsel, beim Hausaufgabenmachen und in Gesprächen. In diesen Momenten bringt man seinen Kindern etwas bei – und das in viel größerem Ausmaß, als man vielleicht zunächst meint. Kindererziehung wird einfach gelebt.

Es existieren viele Erziehungsmethoden, und viele selbsternannte Experten meinen, es gebe einfache Antworten auf die Probleme, auf die man als Eltern stößt. Ich kann zumindest eines sagen – eine *Patentlösung* gibt es nicht. Was andere auch immer behaupten mögen: Mit Kindern befindet man sich im Startumfeld eines Marathons – er ist lang und kräftezehrend, aber ich verspreche Ihnen, dass es die Anstrengung wert ist.

Und eines Tages ist der Nachwuchs aus dem Haus und kommt hoffentlich prima allein zurecht. Bis dahin aber geht es darum, eine so gute Zeit wie möglich miteinander zu verbringen. Zeigen Sie Ihren Kindern, dass Sie sie lieben, und zeigen Sie ihnen – durch das Leben, das Sie und die Ihren führen –, dass die Welt ein schöner Ort ist.

Was versteht man unter einer Familie?

Familien gibt es in allen Variationen. Manchmal besteht eine Familie aus Mutter, Vater, Kind. Andere Male ist sie das, was nach einer Scheidung noch übrig ist, mit neuen Partnern und (Familien-)Verbänden. Sie kann sich aus zwei Müttern oder zwei Vätern zusammensetzen, aus einem alleinerziehenden Elternteil oder aus Großeltern, die für ein Enkelkind die Verantwortung übernommen haben. Dazu kann aber auch das Pflegekind gehören, das man aufgenommen hat, oder die Kinder, die man sich noch wünscht, wie auch die, die überraschend kommen. Ob eine Familie aus zwei oder 18 Mitgliedern besteht, spielt keine große Rolle, denn alle sitzen jetzt sowieso in einem Boot. Müssen einander vertrauen, einander unterstützen und für einander da sein.

Schaut man zu Beginn darauf, an was es in einer Familie fehlt, entgeht einem häufig das, was schon existiert. Die Größe der Familie ist für Kinder gar nicht so relevant, solange es zumindest einen Erwachsenen gibt, der sich bemüht, seine Sache gut zu machen. Ob Frau oder Mann, ist dabei gänzlich unwichtig. Jede Familie braucht einen guten Elternteil, zwei sind ein Luxus. Sind Sie allein, tragen Sie eine größere Verantwortung, aber das heißt nicht, dass es nicht zu schaffen ist. Die erweiterte Familie heranzuziehen – also Freunde und andere Menschen, die einem nahestehen, zu einem festen Bestandteil des Alltags werden zu lassen –, ist nicht nur für Alleinerziehende hilfreich. Kinder haben das Bedürfnis, sich mit unterschiedlichen Menschen zu umgeben, zu sehen, dass es verschiedene Möglichkeiten gibt, die Herausforderungen des Alltags zu bewältigen.

Ich bin mir daher sicher, dass nicht von Bedeutung ist, wie genau Ihre Familie aussieht.

Wirklich wichtig ist nur, wie gut es Ihnen gelingt, sie zu stärken und sich um Ihre kleine oder große Schar zu kümmern.

Zu überbehütet?

Als meine Hebamme mir mein erstes Kind in die Arme legte, war es ein bebendes kleines Wesen, das mich ansah – zugleich fremd und doch vertraut. Ich kann mich immer noch an das seltsame Gefühl erinnern, das mich in den ersten Stunden im Krankenhaus erfüllt hat – wie es war, meinen Sohn zu halten, wie meine ganze Vergangenheit auf eben diesen einen Moment hinauslief. Ich lag da, sah ihn an und flüsterte ihm zu: «Ich werde niemals zulassen, dass dir ein Leid geschieht.» Wenn ich heute darüber nachdenke, klingt es ziemlich banal, aber in jenem Augenblick fühlte es sich richtig an.

Mit der Zeit aber habe ich gemerkt, dass meine Worte von damals nicht den Tatsachen entsprechen. Man kann ein Kind nicht vor allem behüten, und es ist auch nicht erstrebenswert. Kinder müssen allmählich lernen, mit Niederlagen umzugehen. Sie werden in der Schule Rückschläge hinnehmen müssen, werden sich beim Fußballspielen raufen und unglücklich verliebt sein – das alles gehört zum Leben dazu.

Von Anfang an sind wir als Eltern sehr darauf erpicht, unser Kind zu beschützen.

Wohlmeinende Eltern wittern hinter jedem Lego-Stein, in jedem Erwachsenen, der das Kind schief anguckt, und jedem Keim eine Gefahr.

Das ist auch völlig natürlich. Man muss gut für sein Kind sorgen. Das Problem ist nur, dass wir heutzutage so viele Möglichkeiten haben, unsere Kinder zu behüten, dass wir es rasch übertreiben.

Es gibt zwei Gründe, weshalb wir unsere Kinder nicht überbehüten sollten:

Zum einen brauchen Kinder Herausforderungen. Sie müssen über sich hinauswachsen können, ihre Kreise ausdehnen, Dinge allein bewältigen und merken, dass es ihnen gelingt, müssen das Gefühl haben, etwas selbst bewirken zu können. Und das halten sie auch aus. Wann immer man etwas für sein Kind tut, das es selbst hätte tun können, erweist man ihm einen schlechten Gefallen. Zum anderen sollte man seine Kinder aus dem Grund nicht überbehüten, weil sich sonst irgendwann viel zu viel nur noch um sie dreht. Es ist anstrengend für ein Kind, Teil einer Familie zu sein, in der es ständig im Scheinwerferlicht steht. Im Familienleben muss sich ein Gleichgewicht einstellen, es geht um alle Familienmitglieder.

Ihr Kind muss nur es selbst sein

Bevor wir fortfahren, möchte ich Sie noch auf etwas anderes aufmerksam machen – man hat es nicht in der Hand, was für ein Kind man bekommt. Eltern sind verschieden, Kinder sind verschieden. Manchen ist es wichtig, dass ihre Kinder höflich und beliebt sind, andere wiederum legen Wert darauf, dass sie beim Essen nicht wählerisch sind, dass sie sportlich oder musikalisch werden. Manche Eltern wollen selbständige Kinder haben, die in der Begegnung mit der Außenwelt furchtlos und kontaktfreudig sind, andere dagegen schätzen Bescheidenheit. Alles ist auf seine Weise wünschenswert, denn wir profitieren in unserer Gesellschaft von verschiedenen Typen von Menschen. Aber vergessen Sie trotzdem nicht, dass Ihr Kind nur es selbst sein muss – Ihr Sohn oder Ihre Tochter gehört allein sich selbst.

Kunstliebhaber können Kinder bekommen, die Museen verabscheuen, Fußballenthusiasten welche ohne nennenswertes Interesse für gutes Kombinationsspiel. Das kann man nicht beeinflussen.

Es geht nicht nur um die Pläne, die man selbst für sein Kind geschmiedet hat – Ihr Kind ist anders als Sie, und Sie müssen es kennenlernen. Was mag er gern, was bringt sie zum Lachen? Zeigen Sie Ihrem Kind jeden Tag Ihre Zuneigung, indem Sie sich mit ihm über etwas unterhalten, das es beschäftigt. Nehmen Sie es wahr.

Was immer man auch für ein Kind bekommen hat – ich kann Ihnen versprechen, dass das Leben mit ihnen voller Aha-Erlebnisse sein wird. Ich persönlich habe mich nie auch nur eine Sekunde für Sport interessiert, habe aber einen Sohn, der «Eishockey» sagen konnte, bevor er seinen ersten Schritt machte. Das war die erste Erinnerung von vielen, dass er eine eigenständige Person mit ganz eigenen Interessen und Vorlieben ist. Und das ist er heute noch.

Ihr Kind ist nur es selbst, so ist das einfach.

Und Sie alle zusammen sind eine Familie.

SICH ALLE MÜHE GEBEN

Als Mutter oder Vater fühlt man sich gelegentlich unzulänglich. Wenn Sie das noch nicht erlebt haben, werden Sie das sicher früher oder später tun. Die Zukunft hält jede Menge großer und kleiner Situationen bereit, die einen kalt erwischen können und die sehr kräftezehrend sind, will man mit ihnen fertig werden. Es ist nur zu leicht, sich kümmerlich vorzukommen, wenn das eigene Kind in einem Geschäft lautstark losbrüllt und man nicht weiß, wie man dem ein Ende bereiten kann. Ähnlich ist es, wenn Ihr Kind sein Essen über das feine Tischtuch der Schwiegereltern verschmiert und man kritische Blicke auf sich spürt. Kurzum, es wird Tage geben, an denen Sie sich wie ein Nichtsnutz fühlen.

Doch einer Sache sollten Sie sich bewusst sein – gerade dann, wenn Sie sich minderwertig fühlen, kann es zwischen Ihnen und Ihrem Kind zu brenzligen Situationen kommen. Fühlt man sich machtlos, fängt man schnell an, überzureagieren, gibt Verletzendes von sich und springt zu hart mit seinem Kind um. Die unerfreulichsten Dinge geschehen in einer Familie immer dann, wenn die Erwachsenen sich unbedeutend fühlen.

Deshalb möchte ich, dass Sie als Eltern eines wissen – machtlos sind Sie in Wirklich-

keit nie. Und auch niemals unzulänglich, selbst wenn Sie das Gefühl haben, es sei so. Ihr Kind sieht zu Ihnen auf, möchte Ihre Reaktion sehen und daraus lernen. Was es lernt, hängt davon ab, was Sie in solchen Momenten tun.

Können Sie damit umgehen, sich unzulänglich zu fühlen, ohne Macht auszuüben, ohne zu schlagen, ohne Ihrem Kind verletzende Dinge an den Kopf zu werfen, haben Sie schon vieles erreicht. Manchen fällt das leicht, manchen schwer. Ein jeder muss von seinen persönlichen Voraussetzungen ausgehend an sich arbeiten. Und sich Mühe geben, die Situationen, in denen man sich unzureichend fühlt, zu bewältigen, ohne die Beziehung zwischen sich und seinem Kind zu zerstören.

Alles, was Sie darüber hinaus schaffen, ist großartig, das Wichtigste für Sie aber ist, sich alle Mühe zu geben.

SIEBEN
SCHRITTE

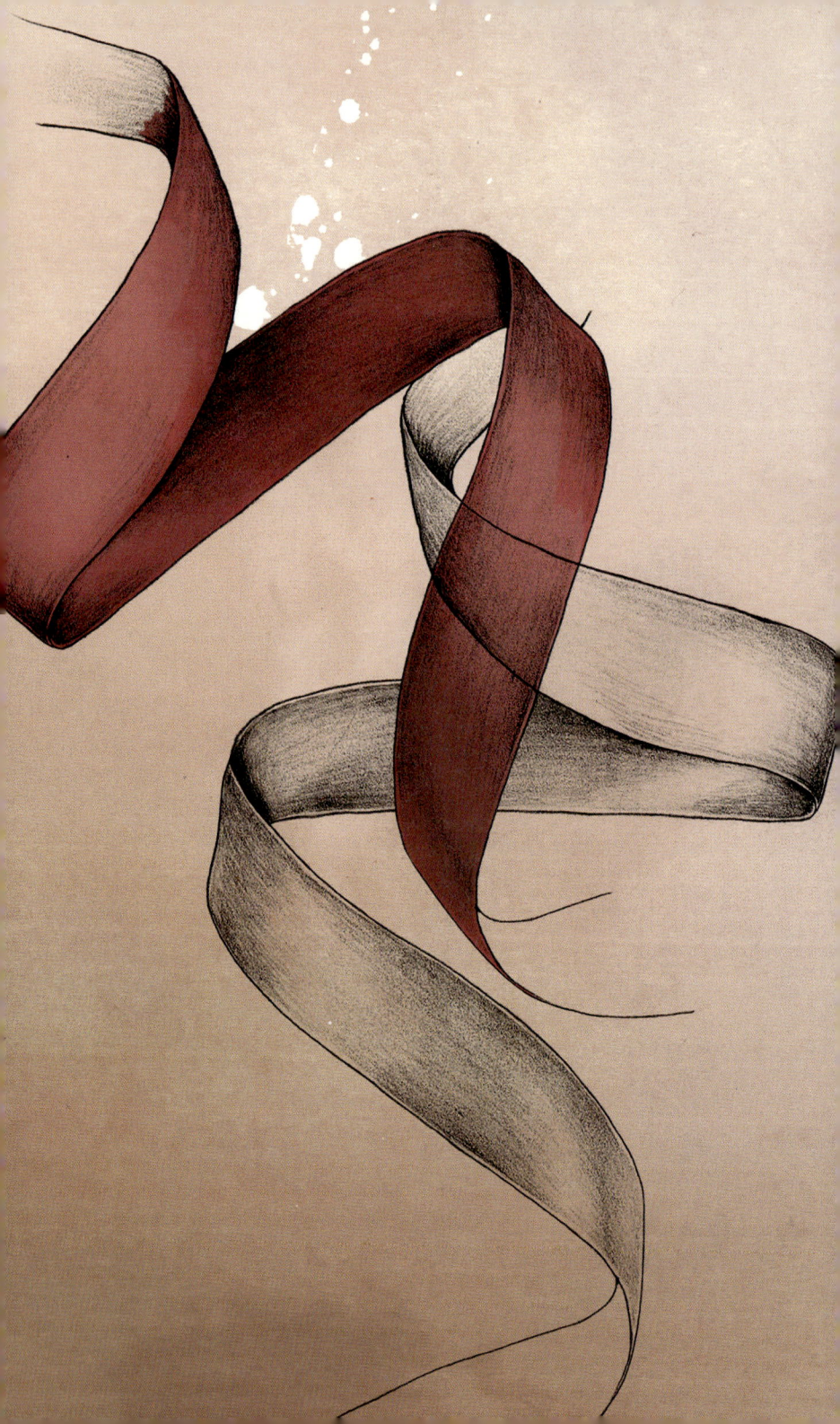

1

DIE BINDUNG

Alle Eltern, mit denen ich bisher zu tun hatte, haben eines gemeinsam: Sie möchten, dass ihre Kinder glücklich sind und im Leben
gut zurechtkommen. Gleichzeitig begegne ich vielen Kindern und
Jugendlichen, die selbst nicht das Gefühl haben, dass dies auf sie
zutrifft. Mich suchen Jugendliche auf, die sich wertlos fühlen und
einsam sind, obwohl ich mir sicher bin, dass ihre Eltern alles, was
in ihrer Macht stand, für sie getan haben – ihnen bei den Hausaufgaben geholfen, sie zum Sport gefahren, ihnen Waffeln gebacken
und Brotpakete geschmiert. Manchmal hätte ich mir nach einem
Patientengespräch in meiner Praxis gewünscht, dass bestimmte
Dinge schon früher einmal gesagt worden wären, dass in der
frühesten Kindheit dieses jungen Menschen jemand dagewesen
wäre, um ihm Orientierung zu geben. Eine sichere und geborgene
Kindheit ist die beste Voraussetzung für ein glückliches Leben.
Hier zählt also wirklich der Beginn. Viele sprechen von den «wich-

**UM GLÜCKLICH ZU SEIN, MÜSSEN WIR SICHER-
HEIT UND GEBORGENHEIT ERLEBEN. ZWISCHEN
UNS UND UNSEREN KINDERN EINE ENGE
BINDUNG AUFZUBAUEN, IST LEBENSWICHTIG.**

tigsten ersten drei Jahren», in denen die Grundlage für unsere Entwicklung als Mensch gelegt wird.

Selbst wenn Sie erst später als andere die Kurve kriegen, heißt das nicht, dass der Zug schon abgefahren wäre. Die ganze Kindheit hindurch geht es um den Kontakt zwischen Ihnen als Erwachsenem und Ihrem Kind, um die zugrunde liegende Geborgenheit. Sie hat große Auswirkungen darauf, wie die Gefühlswelt Ihres Kindes aussieht, wenn es selbst erwachsen ist.

Ihr Kind ist ganz und gar auf eine gute Beziehung zu seinen engsten Bezugspersonen angewiesen und auf das Gefühl dazuzugehören – ein *Wir* zu sein, ist für Kinder ausschlaggebend. Kinder wachsen an dem Zusammensein mit ihren Eltern – und umgekehrt. Die zwischen Ihnen und Ihrem Kind hergestellte emotionale Bindung ist von Ihrem Familienalltag abhängig, von der Atmosphäre, die man schafft, und davon, wie man mit seinem Kind umgeht – an guten und an schlechten Tagen.

Diese Bindung – dieses unzertrennliche Band – ist es, die dem Kind ein gutes Selbstgefühl und Selbstvertrauen schenkt, die ihm beibringt, sich selbst zu lieben. Sie ist es, die langsam, aber sicher ein solides Fundament in ihm oder ihr errichten wird.

Doch wie lässt sich diese Bindung herstellen?

Dazu gehören mindestens drei wichtige Bausteine:

1. Einen sicheren Rückzugsort schaffen

Kinder brauchen Erwachsene, die sie trösten, die sie in den Arm nehmen und ihre großen und kleinen Probleme aushalten können. Von frühester Kindheit an müssen ihnen Vertrauen, Sicherheit und Geborgenheit entgegengebracht werden, die ihnen vermitteln: «Hier darf ich sein», «Hier geht es mir gut». So entwickelt Ihr Kind ein Verständnis dafür, dass Sie allen anderen vorzuziehen sind, dass es bei Ihnen immer Halt findet, es in jeder Lage zu Ihnen kommen kann – und Sie es verstehen. Merken Kinder, dass sie einen sicheren Rückzugsort haben, von dem aus sie die Welt erforschen können, werden sie sich mehr zutrauen und es wird sie darin bestärken, dass irgendwie schon alles gutgehen wird, dass sie jeder Situation gewachsen sind.

Hat sich Ihr Kind zum Beispiel verletzt, soll es keinen Zweifel daran haben, von Ihnen getröstet zu werden. Und ist Ihr Kind sich womöglich unsicher, ob es etwas als beängstigend einstufen soll, sollten Sie mit Ihrem Verhalten die richtige Antwort darauf geben.

Vermitteln Sie in jeder Situation Verlässlichkeit und Berechenbarkeit, wird Ihr Kind sich jedes Mal an Sie wenden, wenn es Rückhalt oder Geborgenheit braucht – dann kann es mit anderen spielen und zu Ihnen laufen, wenn Konflikte beim Spiel auftauchen. Oder es kann getrost auf eigene Faust den Garten erkunden und zu Ihnen kommen, wenn ihm etwas Angst gemacht hat. Kinder brauchen einen Ort, an den sie sich wenden können, und Sie sollten so eine Selbstsicherheit haben, dass Sie immer dieser Ort sein können. Das bedeutet auch, dass Sie Ihr Kind trösten – und es nicht mehr als nötig ausschimpfen sollten –, wenn es einen Schreck kriegt, weil es einer viel befahrenen Straße zu nahe gekommen ist. Zeigen Sie ihm, dass Sie für es da sind, und machen

Eltern müssen vor allem eines tun: ihr Kind trösten. Es muss immer jemand in Reichweite sein, der es auf den Arm nimmt. Ist Ihr Kind untröstlich, haben Sie einfach noch nicht den richtigen Schlüssel zu Ihrem Kind gefunden, dann müssen Sie weitersuchen. Kinder, die keinen Trost erfahren, fühlen sich im Stich gelassen.

Sie ihm klar, dass Autos gefährlich sein können, aber jagen Sie Ihrem Kind keine Angst ein. Es geschieht schnell, dass man überreagiert, vielleicht aus einem eigenen Angstgefühl heraus, aber das erschüttert den Glauben des Kindes an Sie als den Fels in der Brandung.

Gelingt es Ihnen, dieser Rückzugsort zu sein, der dem Kind stets Sicherheit gibt, wird ihm das bis zu dem Tag, an dem sie oder er von zu Hause auszieht, von Nutzen sein. Zweifelt es daran, wird Ihr Kind Ihre Unterstützung ablehnen.

KINDERERZIEHUNG IST EINE LANGFRISTIGE AUFGABE. SIE DAUERT JAHRE – JAHRZEHNTE. ABER DIESE ZEIT STEHT UNS ZUR VERFÜGUNG, UND DESHALB MÜSSEN WIR IMMER AM BALL BLEIBEN. ES IST NICHT SO DRAMATISCH, WENN ES MAL SCHLECHT LÄUFT, SOLANGE DAS NICHT REGELMÄSSIG DER FALL IST.

2. Eine Gemeinschaft sein

Menschen brauchen das Gefühl, Teil einer Gemeinschaft zu sein, und auch Kinder müssen wissen, dass sie zu einer Gruppe gehören, dass sie dazugehören. Deshalb sind familiäre Rituale und gemeinsame Interessen auch so wichtig. Es spielt keine Rolle, ob Sie zu zweit oder zu siebt sind, Sie alle brauchen diese Dinge, die nur Ihnen allein vorbehalten sind: feste Mahlzeiten, gemeinsame Fernseh- oder Spieleabende, einen eigenen Humor oder Ähnliches.

Zeigen Sie Ihrem Kind seine Zugehörigkeit auch dadurch, dass es in allen Räumen der Wohnung persönliche Dinge haben darf,

Ihr Kind braucht seine ganze Kindheit hindurch die Gewissheit, dass Sie es wirklich wahrnehmen. Zeigen Sie ihm, dass Sie sich freuen, wenn es ins Zimmer kommt oder es wiederkommt, nachdem Sie voneinander getrennt waren. Gelingt es Ihnen, Ihrem Kind jeden einzelnen Tag zu signalisieren, dass Sie froh sind, dass es auf der Welt ist, wird Ihre Beziehung durch ein wertvolles Vertrauensband gefestigt sein. Das gilt gleichermaßen für ein quirliges Kleinkind wie auch für eine schmollende Vierzehnjährige. Hören Sie nie damit auf, Ihrem Kind zu zeigen, wie sehr Sie sich über es freuen, und achten Sie seine Würde.

die es mag und mit denen es sich beschäftigen kann, und indem der Alltag und die Ferien Aktivitäten und einen Rhythmus beinhalten, die die Vorlieben jedes einzelnen Familienmitglieds widerspiegeln. Passen Sie das Familienleben dem Alter der Mitglieder entsprechend an. Haben Kinder das Gefühl, zur Gemeinschaft dazuzugehören, werden sie ganz von sich aus eine soziale Geborgenheit entwickeln, die sie beim Auszug von zu Hause und in die Welt hinein mit sich nehmen können.

3. Geben Sie Ihrem Kind Bestätigung

Kinder müssen merken, dass ihre Gefühle ernst genommen und bestätigt werden und dass man ihnen dabei hilft, mit starken Emotionen umzugehen, die sie selbst noch nicht zu begreifen imstande sind. Das ist von Bedeutung, weil es die Kinder in die Lage versetzt, mit den engsten Bezugspersonen und allen anderen Menschen, auf die sie nach und nach in ihrem Leben stoßen werden, zurechtzukommen. Kinder müssen das, was in ihrem Inneren und um sie herum geschieht, benennen können. Das gilt sowohl für den Kindergarten als auch für die Teenagerzeit.

Wenn ein Vierjähriger bockig wird, weil er morgens auf dem Weg zur Kita seine Stiefel anziehen soll, sollten Sie wissen, dass das nicht gegen Sie persönlich gerichtet ist. Vermutlich hat sich das Kind etwas anderes erhofft – beispielsweise noch ein bisschen länger zu Hause zu bleiben oder andere Schuhe anzuziehen. Wer weiß? Sagen Sie also: «Na, bist du wegen der Stiefel so wütend?» Dann warten Sie diese kleine Bestätigung ab, bevor Sie die Situation lösen, indem Sie erwidern, dass Sie das nachvollziehen können, die Stiefel aber angezogen werden müssen. Oder Sie bieten dem Kind an, dass es die Stiefel anziehen kann, wenn es die Treppe runtergegangen ist, oder was eben gerade passt. Das Kind braucht die Gewissheit, dass Sie Verständnis für es haben, um selbst Verständnis entwickeln zu können – und dann wird es auch weitaus einfacher, mit dem Verhalten des Kindes umzugehen.

O nein, ich habe alles verkehrt gemacht!

Manche Eltern, die mich als Therapeutin aufsuchen, haben das Gefühl, dass sie das Leben ihrer Kinder von Anfang an nicht so gestalten konnten, wie sie es gerne wollten. Vielleicht haben Sie selbst den Eindruck, etwas verkehrt gemacht zu haben, oder Sie haben ein älteres Kind, das Sie nicht verstehen oder nicht mehr erreichen. In dem Fall möchte ich Ihnen sagen: Es gibt einen Weg zurück. Die Phase der Kindererziehung ist lang, Sie haben also genug Zeit, um bessere Eltern zu werden, und ausreichend Gelegenheit, um die Bindung zwischen sich und Ihrem Kind zu reparieren und diesem die Sicherheit und Geborgenheit zu geben, die es braucht. Das fängt damit an, dass man den Stil ändert, wie man als Eltern auftritt, und man seinem Kind erklärt, dass man zu wütend, zu geistesabwesend oder was auch immer war – und dass man es von nun an besser machen will. Das ist eine Aufgabe, die einem viel abverlangt, aber ich versichere Ihnen, sie ist es wert!

MIT DEN KINDERN LEBEN – NICHT *FÜR* SIE

Versuchen Sie eine Familie zu bilden, in der Erwachsene und Kinder zusammen leben, nicht nebeneinander her oder füreinander. Kinder möchten dazugehören, möchten ein Teil von etwas sein, möchten teilnehmen. Wenn sie nur eine Arbeitsaufgabe oder eine Pflicht für die Eltern sind, fühlen sie sich schlecht. Deshalb sollten Sie *mit* den Kindern Blumen pflanzen, nicht *für sie*. Erledigen Sie die Hausarbeit *mit* ihnen, nicht *für* sie. Man sollte samstagabends gelegentlich eine schöne Zeit *mit ihnen* verbringen, nicht *für sie* eine schöne Zeit gestalten. Das Ziel sollte sein, als Familie möglichst viel zusammen zu leben. Sie sind nicht die Erfüllungsgehilfen der Kinder. Sie sind *Sie* – eine eingeschworene Gemeinschaft.

Selbst wenn es nicht immer möglich ist und es mehr Zeit kostet, sollte man Wert darauf legen, möglichst viel *mit* den Kindern zu machen. Das ist in vielerlei Hinsicht die wichtigste Aufgabe. So lernen sie automatisch Dinge durch Ihr Vorbild.

Eine unschätzbare Lektion

Ich bin vor einiger Zeit zufällig einem Bekannten über den Weg gelaufen. Er war vor kurzem zum ersten Mal Vater geworden – ich hatte ihn lange nicht gesehen – und wir blieben stehen und sprachen über den kleinen Jungen, der inzwischen sieben Monate alt war. Mein Bekannter erzählte mir, dass das Kind gesund und munter sei, er selbst aber traurig darüber, dass es ihm nicht gelänge, es zu beruhigen. Wollte er den Jungen ins Bett bringen, schien es, als hätte er eine Bestie zum Leben erweckt. Der Junge schrie, es flossen Tränen, und er schlug und trat um sich. Dieses Außer-sich-Sein zur Schlafenszeit war den Eltern völlig unbegreiflich, und mein Bekannter sagte mir, er habe das Gefühl, ein schlechter Vater zu sein. Da habe ich lächelnd erwidert, dass alle Eltern dieses Gefühl der Unzulänglichkeit kennen, und habe ihn gebeten, er solle sich in dieser kräfteraubenden Situation – indem er einfach nur für das Kind da war und es durchstand – klarmachen, dass er seinem Kind automatisch etwas Wesentliches vermitteln würde. Langsam, aber sicher lernt das Kind, dass am Ende alles gut wird. Und es begreift, dass sein Vater auch mit den heftigsten Emotionen zurechtkommt und immer in seiner Nähe bleibt. Für ein kleines Kind ist das eine unschätzbare Lektion. Und das gilt eigentlich für alle Situationen, die zunächst scheinbar kaum erträglich sind: Dass es uns gelingt, diese auszuhalten, dass wir in ihnen ausharren und geistig und emotional anwesend sind, das bedeutet in jeder einzelnen Minute aktives Lernen für Ihr Kind.

Mein Bekannter hatte zu Hause natürlich keine Bestie im Gitterbett, sondern einen kleinen unsicheren Menschen, der von seinen Gefühlen überwältigt wurde und der Hilfe dabei brauchte, sich zu beruhigen.

Mit der Zeit wird alles besser. Eines Tages wird der junge Vater sich kaum noch an diese Zeit erinnern können. Aus diesem Grund hört man von anderen Eltern auch häufig Aussagen wie: «Bei uns hat das Zubettgehen immer prima geklappt» – sie haben vergessen, wie es wirklich war. In allererster Linie geht es also darum, nicht die Beherrschung zu verlieren und einen Weg zu finden, wie wir jene trösten und beruhigen können, die uns am nächsten stehen. Und wenn es zu beschwerlich wird, muss die Mutter ein oder zwei Abende übernehmen, bevor man einen neuen Versuch startet.

Ein paar Wochen später bekam ich eine SMS: Mein alter Bekannter schrieb, dass das Schlafengehen inzwischen gut gelingen würde. Er konnte sich das nicht erklären. War es vielleicht so etwas wie Zauberei?

Nun, gewissermaßen schon – kleine Kinder zu haben, ist eben zauberhaft!

DIE HÄUFIGSTEN FEHLER
DER ELTERN

Jeder Kindheitsabschnitt hat reizvolle und weniger reizvolle Seiten. Vielleicht ist es ein Trost, zu wissen, dass das meiste so rasch wieder vorübergeht, wie es gekommen ist. Die Bedürfnisse von Kindern und einige Grundzüge der kindlichen Entwicklung zu kennen, kann einen dabei vor den größten Fehlern bewahren.

0–1 JAHR
Nähe, Geduld und Trost

Jetzt ist noch nicht die Zeit für Selbständigkeit. Ihr Kind soll noch nicht lernen, mit dem Weinen aufzuhören oder ein Nein zu akzeptieren. Die wichtigste Lektion für Kinder dieses Alters ist, dass die Welt ein sicherer Ort ist und Sie dafür garantieren. Das heißt nicht, dass Sie gleich auf die ersten Anzeichen des Aufwachens oder das kleinste Signal der Unzufriedenheit reagieren müssen – kleine Kinder können und werden sich melden, wenn etwas nicht stimmt. Aber Sie sollten Ihr Kind nicht allein da liegen und schreien lassen, es nicht sich selbst überlassen. Ihre Aufgabe ist es, dem Kind beizubringen, wie es sich

selbst beruhigen kann, wie es zu Ihnen Kontakt aufnehmen kann und wie es diesen Kontakt aufrechterhält. Ihre wichtigsten Werkzeuge dabei sind der Körperkontakt, die Mahlzeiten, das Stillen, das Vorsingen und feste Regeln beim Zubettgehen. Körperliche Nähe bedeutet viel für die Entwicklung der Kleinsten.

1–3 JAHRE
Trotz ist nicht persönlich gemeint, er gehört zur Entwicklung

Wenn Sie «Nein!» sagen und Ihr Kind macht das Verbotene trotzdem, sollten Sie wissen, dass es allen Eltern so ergeht. Wenn Sie morgens einen schlechten Start in den Tag haben und sich Ihr Kind auf dem Weg zum Kindergarten plötzlich verweigert, seien Sie vergewissert, dass das alle Eltern von Kleinkindern erleben. Ihr Kind ist nicht besonders unbeugsam, schwierig oder ungezogen – diese Phase ist einfach so. Holen Sie tief Luft, machen Sie sich bewusst, dass es etwas Wunderbares ist, endlich einen eigenen Willen zu haben, und dass Ihr Kind trotzdem noch Ihren Rat und Ihre Hilfestellung braucht, um die Situation zu überwinden. Die Statistik zeigt, dass Kinder unter vier Jahren häufiger als Kinder anderen Alters geschlagen werden. Sie sind klein, trotzig, und die Eltern fühlen sich schnell auf die Probe gestellt und ohnmächtig. Um dem Impuls zu widerstehen, dem Kind gegenüber zu viel Macht auszuüben, sollten Sie wissen, dass Ihr Kind diesem egoistischen und unsozialen Verhaltensmuster umso schneller entwächst, je weniger streng Sie sind und je weniger Zwang Sie ausüben.

Indem Sie Ihrem Kind zeigen, dass es dazugehört, dass Sie das gemeinsam durchstehen, vermitteln Sie Ihrem Kind Geborgenheit und verringern die Trotzanfälle.

3–5 JAHRE
Ausreichend Essen und Schlaf!

Verurteile nie einen Fünfjährigen dafür, dass er Hunger hat, habe ich mir unzählige Male gesagt. In diesem Alter sind Strukturen besonders wichtig. Viele Kinder brauchen immer noch Hilfe, um abends zur Ruhe zu kommen, und kommen nur schlecht mit zu wenig Schlaf zurecht. Denken Sie daran, sie rechtzeitig ins Bett zu bringen – etwa gegen 19 Uhr – und überlegen Sie sich eine gute Strategie für die Mahlzeiten. Draußen in der Welt passieren so viele aufregende Dinge, dass es nur zu leicht ist, zu spät mit dem Essen anzufangen oder wieder zu schnell vom Tisch wegzurennen. Einen Rhythmus vorzugeben und mit Ihrem Kind ins Gespräch zu kommen, ist Ihr wichtigstes Rüstzeug als Eltern. Reden Sie mit Ihren Kindern, stellen Sie fest, wie spannend es ist, was jetzt vor sich geht, nachdem sich Ihre Kinder nun sprachlich ausdrücken können und ihrer Phantasie und ihrem Forscherdrang keine Grenzen gesetzt sind.

6–8 JAHRE
Die Teenagerzeit des Kindesalters

Das Schulalter bricht mit Pauken und Trompeten über einen herein. Mit sechs Jahren machen Kinder eine enorme Verwandlung durch. Sie sind ständig in Bewegung und werden von starken, tiefen Emotionen erfüllt. Das macht sie zugleich rastlos und zerstreut. Sie fangen womöglich an, sich anzuziehen, nur um im nächsten Augenblick das ganze Vorhaben zu vergessen und mit nur einem angezogenen Hosenbein herumzulaufen. Das kann man durchaus schon als einen kleinen Vorgeschmack auf die Teenagerzeit sehen. Kinder brauchen in dieser Phase jeden Tag besonders viel Verständnis dafür, wie schwer das alles für sie ist, und Ihre ganze Unterstützung, um zum Ziel zu kommen. Ist man zu streng, werden sie das Gefühl haben, dem Ganzen nicht gewachsen zu sein, und jeden Versuch aufgeben, es noch einmal zu probieren. In dieser Zeit werden die Denkmuster der Kinder gelegt – werden sie zu Optimisten oder Pessimisten? Optimismus entwickelt sich, wenn Kinder Sachen ausprobieren und Fehler machen dürfen und damit auf Verständnis und Ermutigung bei einem stoßen – und man miteinander lacht. Es ist selten so wichtig, miteinander zu lachen, wie jetzt!

9–12 JAHRE
Selbständigkeit! (Aber Zeit zu Hause und Ruhephasen sind ebenfalls wichtig)

Stufenweise bewegen die Kinder sich nun hin zur Selbständigkeit. Ihnen gefällt die Vorstellung, etwas allein zu schaffen, allein nach Hause zu gehen, sich allein Essen zu kochen – ja, sie träumen mehr oder weniger auch davon, allein zu leben. Ermöglichen Sie es ihnen, ihren Radius Stück für Stück zu erweitern – allein den Bus zu nehmen, in den Supermarkt zu gehen, einfach ein bisschen mehr allein zurechtzukommen – das ist gut für sie. Gleichzeitig sollten Sie die eingeschworene Gemeinschaft, die Ihre Familie ist, zusammenhalten. Kinder haben das Bedürfnis, nach Hause zu kommen und Kraft aus gemeinsamen Unternehmungen zu schöpfen. Gestalten Sie ein richtiges Zuhause und tun Sie alles, was den Kindern das Gefühl vermittelt, dazuzugehören und akzeptiert zu werden, wie sie sind. Das brauchen sie jetzt mehr als sonst. Zu starke Kritik verletzt die Seele von Kindern dieser Altersgruppe. Was sie jetzt am meisten brauchen, ist ein Zugehörigkeitsgefühl.

13–17 JAHRE
Bleiben Sie in Verbindung, was auch immer geschieht

Jede Familie erlebt irgendwann auf irgendeine Art eine Zeit der Abnabelung. In der Pubertät geht eine vollständige Umprogrammierung des Gehirns vor sich, die den Jugendlichen viel abverlangt. Sie sind vergesslicher, chaotischer und fürchten mehr als sonst, nicht gut genug zu sein. Diese starken Emotionen äußern sich entweder in Form von gegen Sie gerichteter Wut und Anschuldigungen oder in Form von Angst, Erschöpfung und Bauchschmerzen. Egal ob ihre Aggression sich nun eher nach außen oder nach innen richtet: In jedem Fall brauchen sie einen Erwachsenen, der für sie da ist, jemanden, der das alles mit ihnen zusammen unter die Lupe nimmt und der damit umgehen kann. Den größten Fehler, den Eltern in dieser Phase begehen können, ist es, die Verbindung zu dem Teenager aufzukündigen und ihn aufzugeben. Gelegentlich eine Tasse Kakao zu zweit, gemeinsam den Hund ausführen oder eine kurze Unterhaltung auf der Autofahrt – solche kleinen Dinge, die Ihrem Kind zeigen, dass Ihnen an ihm liegt und dass Sie seinen Bedürfnissen gegenüber achtsam sind, sind ausschlaggebend dafür, dass aus dem pubertierenden Teenager ein zufriedener Twen wird, der auch dann noch zu Ihnen Kontakt haben möchte, wenn Sie alt und gebrechlich sind.

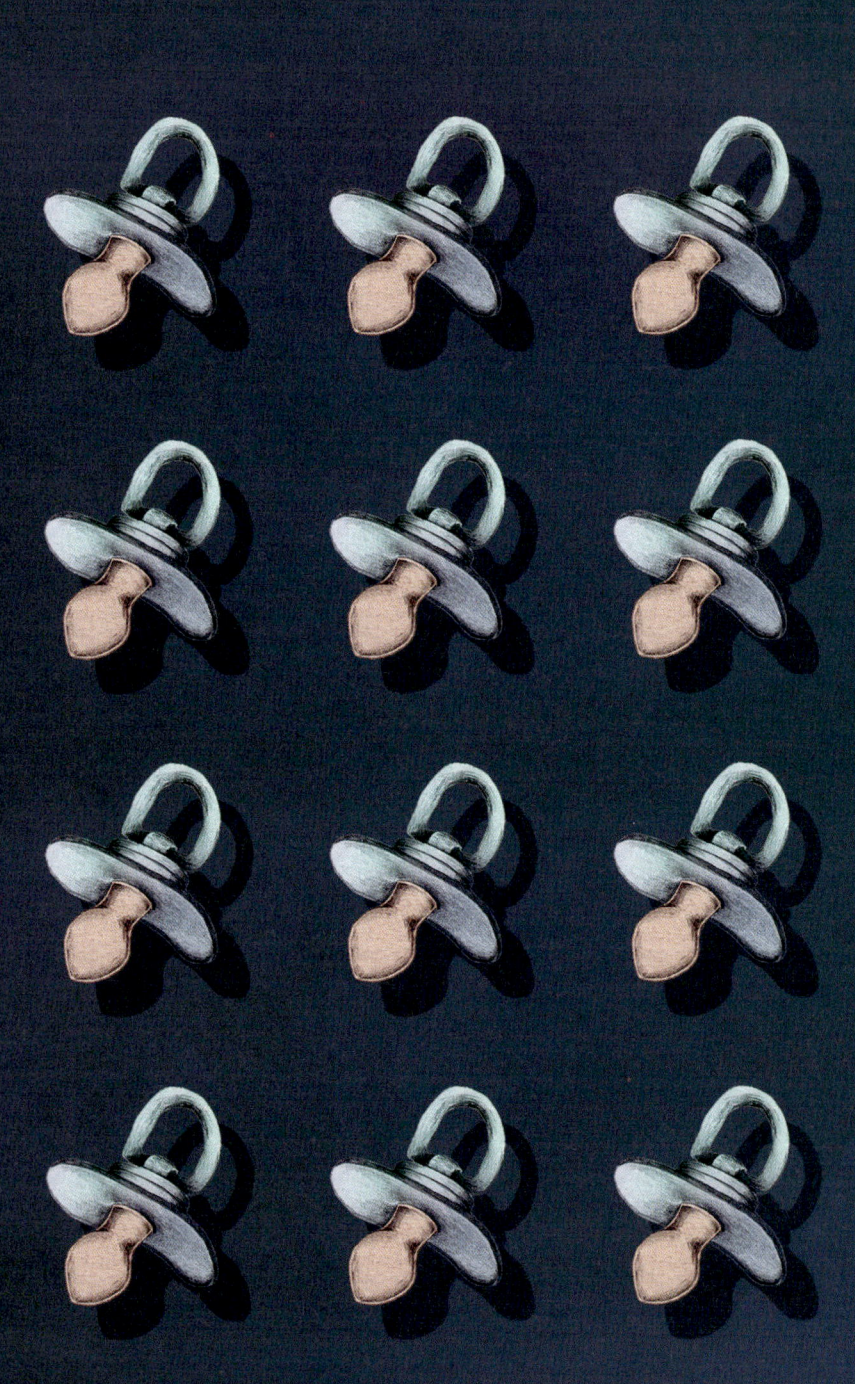

2

WIE MAN DEN UMGANG MIT TIEFEN GEFÜHLEN LERNT

Kinder haben ein ebenso breites Spektrum an Emotionen wie wir Erwachsene, sie haben nur noch nicht gelernt, dieses vollkommen zu beherrschen. Zweijährige können sich in einem Moment noch vergnügt ihrem Spiel widmen, nur um im nächsten zutiefst verzweifelt zu sein. Denken Sie nur an Ihr eigenes Leben und an das Wechselbad der Gefühle, das Sie manchmal durchleben – wie einschneidend die letzte Verliebtheit war und wie erschüttert Sie waren, als Sie zuletzt zurückgewiesen wurden. Gefühle begleiten uns das ganze Leben. Sie können uns zerstören und mit aller Macht treffen oder uns wachsen lassen und mit Stolz erfüllen. Der Umgang mit tiefen Gefühlen erfordert sowohl Übung als auch Mut. Über beides verfügen Kinder noch nicht in demselben Maße wie Erwachsene. Sie müssen ihre Gefühle erst noch kennenlernen, und es ist unser Auftrag als Eltern, ihnen dabei zu helfen.

Jäh aufflackernder Wut, verletzenden Zurückweisungen und tiefer Liebe richtig zu begegnen, ist eine große Lebensaufgabe – und ein langwieriger Prozess. Im besten Fall benötigen Menschen die ersten zwei Jahrzehnte ihres Lebens dafür.

Sie als Eltern sollten Ihrem Kind oder Ihren Kindern dabei ein Wegweiser sein. Und dafür ist es von Bedeutung, dass Sie wissen, wozu die Kinder ihrem Alter entsprechend in der Lage sind und wozu nicht. Ich möchte Ihnen zeigen, welch ein Gewinn es ist, sich auf die Gefühle Ihrer Kinder einzustellen und hinter die Fassade dessen zu schauen, was sie tun, und so die Ursache für ihr Verhalten zu verstehen.

Das ist für die Entwicklung Ihres Kindes und die Art, wie zufrieden es später sein Leben führen wird, ganz entscheidend. Erwachsene wie Kinder, die in der Lage sind, das, was sie bewegt, zu verstehen und zu benennen, kommen in der großen weiten Welt besser zurecht, werden besser verstanden und mehr gemocht.

Die zwei Etagen des Gehirns

Zehn Finger, zehn Zehen, all die winzig kleinen Nägel. Als mein Sohn zur Welt kam, war ich ganz verblüfft, wie weit entwickelt er schon wirkte – er war einfach vollkommen. Vielleicht hatte ich mir irgendwie vorgestellt, Kinder wären eher so wie ein Bausatz von Ikea, der erst mit der Zeit die richtige Form bekommt? Aber Kinder sehen recht schnell aus wie kleine, für die Welt bereite Erdenbürger.

Doch das täuscht.

In Wahrheit sind Kinder ganz und gar unvollkommen. Obwohl das menschliche Gehirn hoch entwickelt ist und eine enorme Speicherkapazität hat, ist es in den ersten Jahren verglichen mit dem Gehirn anderer Lebewesen kaum ausgebildet. In meinen Elterngesprächen ziehe ich für gewöhnlich ein Bild heran, um das zu verdeutlichen: Stellen Sie sich vor, das Gehirn wäre bei unserer Geburt ein Haus mit zwei Etagen.

Auf den ersten Blick erscheint alles perfekt: Das Erdgeschoss ist frisch geputzt und fertig, die Küche modern und glänzend sauber.

> Die Gehirnentwicklung hängt ganz entscheidend davon ab, wie viel Nestwärme Kinder im frühen Kindesalter erfahren. Kinder, die bei Erwachsenen Trost und Geborgenheit finden, entwickeln Gehirnstrukturen, die starke Gefühle besser regulieren können.

Sie verstehen sicher, worauf ich hinauswill? Das Erdgeschoss kann man direkt beziehen. Es steht für unsere lebenswichtigen Funktionen: das autonom arbeitende Herz, die Atmung, alle wichtigen Emotionen, mit denen wir von Beginn an ausgestattet sind, wie Angst und Freude, sowie die Reflexe. In dieser Etage gibt es alles, was man zum Leben braucht.

Im zweiten Stockwerk aber liegt das, was man benötigt, um dieses Leben gut zu führen. Dort oben liegt unsere Fähigkeit, zu reflektieren und etwas zu planen, die Konsequenzen unseres Handelns abschätzen zu können, für moralisches Denken, für das Verstehen von und den Umgang mit Gefühlen, die uns überfallen. Bei den meistens Menschen ist es auch in diesem Oberstübchen sauber und aufgeräumt, aber für kleine Kinder ist es so, als würde die Treppe dorthin gar nicht existieren. Das Geländer ist noch nicht fertig, es fehlen noch ein paar Treppenstufen, dort hochzukommen ist also nahezu ein Ding der Unmöglichkeit. Darüber hinaus herrscht für sie dort oben ein großes Durcheinander: Es ist nicht gestrichen, aus den Rohren tropft es, es fehlt an Mobiliar und es ist auch erst halb fertig tapeziert. Es ist ein langer, zeitraubender Prozess, eine einigermaßen gut funktionierende zweite Etage herzurichten – beziehungsweise ein fertig entwickeltes Gehirn mit einer dauerhaften Verbindung zwischen den Stockwerken.

Allzu leicht vergessen wir, wie groß der Unterschied zwischen den Gehirnen von Kindern und denen Erwachsener ist. Kinder und Jugendliche haben Hirne, die noch in der Entwicklung sind. Sie werden von ihren Gefühlen häufig schier überwältigt, wissen aber nicht wohin damit. Bitten wir kleine Kinder beispielsweise darum, die Folgen zu bedenken, verlangen wir häufig zu viel von ihnen. Wir können ein Kind nicht ins Zimmer zitieren, damit es darüber nachdenkt, was es falsch gemacht hat, und erwarten, dass es mit Worten wiederkommt wie: «Entschuldigung, das war keine Absicht.» Kinder können nicht gut reflektieren und Strategien entwickeln, es mangelt ihnen noch an dem Einsichtsvermögen, weshalb sie das tun, was sie tun – denn all das befindet sich in der zweiten Etage. Sie werden sich jedoch bemühen, dorthin zu gelangen. Doch dafür brauchen die Kinder uns Erwachsene.

Dies als ein moralisches Problem zu sehen, ist der größte Fehler, den diese begehen können. «Er will mich bloß auf die Probe stellen», sagen wir manchmal über ein Kind, oder: «Das macht sie nur, um mich zu ärgern.» Wenn Ihr Kind zum Beispiel immer wieder an den Jalousien zieht, will es Ihnen dadurch nicht irgendeine Reaktion entlocken, sondern es tut das, weil sie interessant aussehen und dabei so ein lustiges Geräusch machen – und ganz ähnlich verhält es sich mit einem knisternden Kaminfeuer, einer glänzenden Weinflasche oder einem blanken Fernsehbildschirm. Weisen Sie ein kleines Kind, das dergleichen tut, zurecht, indem sie es ausschimpfen oder zu hart mit ihm umgehen, lernt das Kind nur eines – dass man sich von Ihnen fernhalten sollte, nicht von den Jalousien.

Man kann ein kleines Kind eben nicht bitten, sich zusammenzureißen oder sich zu benehmen, weil es einfach noch nicht dazu in der Lage ist. Im Alter von sechs, sieben Jahren erst kommt der große Sprung, und das Kind lernt, sich aus der Distanz zu betrachten, und danach schreitet die Entwicklung rasch voran. Bis dahin muss man dem Kind helfen. Es wird sich uns zum Vorbild nehmen und daraus lernen, wie wir uns verhalten, und so nach und nach gut funktionierende Treppen in eine möblierte zweite Etage errichten.

Doch das braucht Zeit. Unser Gehirn ist erst mit etwa Mitte zwanzig voll entwickelt.

Gefühle als Sprachrohr

Lukas, ein Junge von zehn Jahren, kam vor einiger Zeit für eine Weile in meine Praxis. Die Schule hatte in Absprache mit den Eltern dafür gesorgt. Er war ein Typ, den man auf den ersten Blick ins Herz schließt: große wache Augen, ein zaghaftes Lächeln, das ihn bei den seltenen Gelegenheiten, bei denen er es zeigte, zu Boden blicken ließ. Lukas hatte heftige Wutanfälle, die sich häufig in der Schule gegen Lehrer und Mitschüler richteten – etwas, das ihn gleichermaßen unbeliebt wie gefürchtet machte. Seine stärksten Emotionen zu regulieren ist, wie gesagt, eines der letzten Dinge, die mit der Gehirnreifung einhergehen, und Zehnjährigen wie Lukas fehlt es noch an einem ausgereiften Verständnis für die Konsequenzen – sie machen Sachen, die weniger harmlos sind, als sie dachten, verletzender, als sie wollten. Nicht selten gebrauchen sie Gefühle nur als Vehikel, um Dinge auszudrücken, die sie nicht auf andere Weise sagen können. Lukas äußerte damit: «Ich bin gerade furchtbar ärgerlich, weil mich niemand richtig wahrnimmt, und zu Hause herrscht gerade nur Chaos.» Über anhaltende Phasen wütend zu sein, war die einzige Ausdrucksweise, die er kannte, um zu sagen, dass etwas nicht in Ordnung war.

Es lässt sich einfach behaupten, ein Kind würde mit seiner Wut nur Probleme verursachen und alles kaputtmachen – in Wahrheit aber kommunizieren Kinder, so gut es ihnen möglich ist. Kinder zeigen eine Reaktion, und uns Erwachsenen in ihrem Umfeld fällt die Verantwortung zu, die Erklärung dafür zu finden. Dann hat die Wut einen «Wert», dann bewirkt sie etwas Positives.

Ich glaube darüber hinaus, dass wir an Kinder manchmal zu große Ansprüche stellen. Sie werden selten sagen: «Ich habe mich in der letzten Zeit als Außenseiter gefühlt, weil ich keinen zum Spielen hatte» oder «Nun, da Mama und Papa sich bald scheiden lassen, ist es nicht einfach zu Hause, und ich bin so verzweifelt und fühle mich so unzulänglich, dass es mich wütend macht».

Kinder tun Sachen, die wir nicht möchten, sie beißen kleinere

Kinder, quälen andere, stellen Dinge über andere ins Internet, machen ihre Bücher kaputt, vergessen Dinge. Sie benehmen sich schlecht.

Doch wenn wir nur sehen, was sie tun, und nicht danach fragen, wo dieses Verhalten herrührt, dann lassen wir die Kinder im Stich. Gefühle sind nicht grundlos, sie versuchen uns etwas mitzuteilen. Wir Erwachsenen haben die Pflicht, genau hinzuhören, um die Ursache dafür herauszufinden.

Detektivarbeit

Doch wie gelingt es Ihnen, genau hinzuhören und herauszufinden, was sich hinter den tiefen Gefühlen oder dem unverständlichen Verhalten verbirgt? Das ist eine weitreichende Frage, auf die ich schon mal eine kleine Antwort geben möchte: Seien Sie neugierig! Werden Sie zum Detektiv, wenn Situationen entstehen, in denen die Emotionen hochkochen. Sehen Sie über die traurigen, befremdlichen oder absonderlichen Gefühle, die Ihr Kind beschäftigen, hinweg und nehmen Sie sie gelassen hin. Fragen Sie: «Was ist hier los?»

Damit helfen Sie Ihrem Kind, mit der Zeit seine eigenen Emotionen zu verstehen. Es muss seine Gefühle wiedererkennen, sie einordnen können und lernen, sie zu benennen. Manchen Kindern fällt es leicht, über Gefühle zu reden, andere kommen scheinbar als verschlossene Austern auf die Welt. Doch wir alle müssen ausdrücken, was in uns vorgeht – das fördert unser inneres Wachstum und bringt uns einander näher. Und deshalb brauchen auch alle Kinder Erwachsene in ihrem Leben, die sich unmissverständlich äußern und ihre Gefühle klar in Worte fassen können.

Eltern sind genauso verschieden wie Kinder – manche finden es einfach, über dies und das zu reden, während andere so gut wie noch nie geäußert haben, wie es ihnen geht. Auch hier ist gar nicht so viel dafür nötig – ein bisschen Smalltalk reicht schon aus. Finden Sie heraus, wie der Tag Ihrer Kinder gewesen ist, und drücken Sie das mit wenigen Worten aus. Kinder kennen mehr oder weniger drei Antworten auf die Frage, wie ihr Tag verlaufen ist: «gut», «schlecht» oder «ganz in Ordnung». Dass sie sich das bewusst machen können und dass ihre Antwort akzeptiert wird, ist eine wertvolle Lektion fürs Leben.

Wenn sie irgendwann an diese Fragen gewöhnt sind, können Sie weiter nachhaken: «Ach ja? Erzähl!», und so vielleicht noch ein, zwei Sätze mehr erfahren. Es geht in diesem Gespräch um ein spielerisches Herauskitzeln, nicht ums Verhören. Es mag banal klingen, ist aber sinnvoll, weil das Kind dadurch lernt, innezuhalten, seinen Gefühlen nachzuspüren und diese zu erklären. Verwenden Sie das, was Sie über den Tag des Kindes wissen – womöglich hat es einen Ausflug gemacht, eine Klassenarbeit geschrieben oder hatte Handballtraining –, manchmal ist es einfacher, mit etwas Hintergrundwissen Fragen zu stellen. Und wenn sie etwas gemeinsam tun, dann artikulieren Sie es, selbst wenn Sie diese Dinge schon Tausende Male zuvor getan haben. «Willst du dir Schuhe anziehen? Ja, komm her, dann helf ich dir. So – ja, wir ziehen diesen Klettverschluss hier rüber und diesen …». Führen Sie etwas nicht einfach nur aus, sondern kommentieren Sie, was Sie tun. Und üben Sie, ein Gespräch in Gang zu setzen – Kinder haben noch nicht gelernt, zu vermitteln, sie brauchen noch Starthilfe dabei.

Indem Sie detektivisch tätig werden, zeigen Sie Ihrem Kind Ihre Liebe.

Verbotene Gefühle gibt es nicht

Ich bin im Sommer durch ein ehemaliges Osloer Arbeiterviertel geschlendert, in dem fast keine Fabrikschlote mehr rauchen. Dafür sind heute überall kleine Cafés entstanden. Auf einem Kunstrasenplatz wird jährlich ein Fußballturnier zwischen den Schulen der Stadt veranstaltet. Weil ich etwas Zeit hatte, blieb ich stehen und sah eine Weile zu. Es war ein spannendes und ausgeglichenes Match, bis einer der Spieler vom Schiedsrichter die rote Karte sah und auf die Bank geschickt wurde. Der Junge, der vielleicht so um die zwölf Jahre alt war, reagierte erst wütend, dann verzweifelt, während er zur Seitenlinie ging, und konnte die Tränen nicht unterdrücken, die in ihm hochstiegen.

«Reiß dich zusammen!», befahl der ältere Trainer. «Hör sofort auf zu heulen!» Aber je mehr er kommandierte, umso stärker kämpfte der Junge damit, seine Gefühle in Schach zu halten. Schließlich entfernte er sich ein wenig von den anderen, um seinen Tränen freien Lauf zu lassen.

Wir Erwachsenen können manchmal ganz schön unsensibel sein, wenn wir mit den Gefühlen anderer konfrontiert werden. Nichts lässt die Tränen stärker fließen als die Aufforderung, nicht zu weinen, und es bringt nichts, die Gefühle eines Kindes herabzuwürdigen. Dann zerstört man nur etwas. Und trotzdem geschieht das regelmäßig.

Gefühle sind für mich so etwas wie ein Fingerzeig. Wut, Kummer, Frustration und Verzweiflung und alle anderen uns innewohnenden Emotionen sind ein Teil von uns. Man muss vor ihnen keine Angst haben – und ich kann Ihnen garantieren: Sie zu verbieten, ist nie eine gute Lösung! Kindern bedeuten ihre Gefühle etwas, und sie müssen wissen, dass für sie Raum ist – auf diese Weise wird es ihnen rascher gelingen, selbst die tiefsten und übermächtigsten Gefühle in den Griff zu bekommen.

Der Trainer hätte stattdessen sagen können: «Na, fällt es dir schwer, jetzt auszuscheiden?», hätte eine kurze Bestätigung bekommen und erwidern können: «Das verstehe ich, wir reden später darüber, aber setz dich jetzt erst mal auf die Bank.» So hätte der Junge seine Würde bewahren und der Trainer die Beziehung zu seinem Spieler aufrechterhalten können. Und die Wahrschein-

HÄUFIG IST DAS SPRACHVERSTÄNDNIS DER KINDER GRÖSSER, ALS ERWACHSENE GEMEINHIN GLAUBEN. KINDER VERSTEHEN SEHR VIEL MEHR, ALS SIE SELBST AUSDRÜCKEN KÖNNEN. DENNOCH REDEN ELTERN OFT MIT ANDEREN ERWACHSENEN ÜBER DEREN KÖPFE HINWEG. DIE SPRACHE ENTWICKELT SICH RASANT, KINDER BEKOMMEN WEIT MEHR MIT, ALS MAN VERMUTET.

lichkeit, dass er im nächsten Spiel eine gute Leistung abgeliefert hätte, wäre größer gewesen.

Eltern ist es nicht selten zur Gewohnheit geworden, Dinge wie diese zu äußern: «Na, bist du nicht schon zu groß dafür, um so zu schmollen?», «Willst du wirklich vor allen Leuten so ein Benehmen an den Tag legen?» oder «Sei nicht so kindisch!» Selbst wenn diese Kommentare einem leicht über die Lippen kommen, verwehrt man dem Kind damit seine Gefühle – und das belastet die Beziehung zwischen Ihnen und Ihrem Kind.

Man kann nicht immer das Richtige sagen, aber es ist von Vorteil,

Schreiben Sie Ihrem Kind nicht vor, was es fühlen soll, sondern hören Sie ihm zu und versuchen Sie zu verstehen, was es wirklich empfindet. Und helfen Sie ihm, dieses Gefühl zu überwinden. Tun Sie das nicht, wird Ihr Kind lernen, an seinen eigenen Gefühlen zu zweifeln.

sein Bewusstsein dafür zu schärfen, weil diese Situationen ständig auftreten. Ich weiß auch, wie leicht es ist, über die Gefühle von Kindern hinwegzusehen. Wenn sich einer meiner Söhne wehgetan hatte, hätte ich leicht sagen können: «Das war doch nicht schlimm. Hopp, hopp, wieder hoch mit dir!» Aber vielleicht hat es ja wirklich wehgetan? Wenn Ihr Kind von diesem oder jenem Gefühl überwältigt wird, sollten Sie es zuallererst ernst nehmen und ihm dann Hilfestellung bei der Überwindung geben: «Bist du hingefallen und hast dir wehgetan? Uh, das sah nicht gut aus! Versuch doch mal, dich wieder auf ein Bein zu stellen. Prima! Willst du jetzt weiterspielen?»

Auf diese Art stellt das Kind eine Verbindung zwischen dem her, was in ihm vor sich geht, und dem, was um es herum geschieht. Ihr Kind lernt zu benennen, was passiert ist, und dass sich das Geschehene überwinden lässt. Diese Lösung ist immer besser, als seine Gefühle zu unterdrücken.

Vermitteln Eltern ihren Kindern, dass ihre Gefühle falsch sind, werden sie irgendwann glauben, dass etwas mit ihnen nicht stimmt, und es wird ihnen schwerfallen, sich selbst zu vertrauen. Das macht es dem Kind schwerer, seine Emotionen zu kontrollieren und aufkommende Schwierigkeiten zu lösen. Haben Kinder das Gefühl, dass sie bestraft werden, weil sie äußern, wie es ihnen geht, und dass sie das, was in ihrem Inneren vor sich geht, nicht mitteilen können, gibt man ihnen vergleichsweise schlechtere Voraussetzungen an die Hand. Dann raubt man ihnen nötiges Selbstvertrauen und Geborgenheit.

Gefühle deuten und anerkennen

Zwei Schritte helfen Kindern dabei, mit ihren Gefühlen umzugehen. Der erste ist, sich mit den Gefühlen des Kindes zu befassen und Verständnis dafür zu äußern. Das können Sie, indem Sie ihre Emotionen anerkennen und mit eigenen Worten ausdrücken – das ist übrigens auch eine Form von Detektivarbeit. Und wenn Sie auf der richtigen Fährte sind, die beteiligten Emotionen gedeutet haben und sie dem Kind erläutern, werden Sie erleben können, wie viel das Ihrem Kind bedeutet.

«Bist du wütend, weil dir dieses Kunststück mit dem Ball nicht geglückt ist? Das verstehe ich. Es dauert, das zu lernen, manche trainieren das über hundert Stunden, aber wenn du es weiter versuchst, wirst du es eines Tages können.» Oder: «Bist du traurig, weil gerade niemand mit dir spielen will? Ich habe das bemerkt, und ich weiß, dass das nicht so toll ist, aber vielleicht können wir ja jemand anderen zum Spielen finden?»

Wenn Sie auf diese Weise auf die Gefühle des Kindes eingehen, bereiten Sie es auf die Begegnung mit der Welt vor und bringen ihm den richtigen Umgang mit neuen und tieferen Emotionen bei.

Worüber wir Erwachsenen auch immer meinen, uns unterhalten zu müssen – den Kindern hilft es, dass man den Mut aufbringt, ihren Gefühlen mit Offenheit, Gelassenheit und Verständnis zu begegnen.

Mein jüngster Sohn kann vor Wut explodieren, wenn er etwas nicht sofort hinbekommt. Einmal saß er zu Hause in der Küche und war furchtbar aufgebracht über seine missglückten Versuche, Herzen zu malen. «Na, du möchtest gerne ein Herz malen

UNSER GEHIRN KANN SICH AM BESTEN ENTWICKELN UND IST AM AUFNAHMEFÄHIGSTEN, WENN IHM AUSREICHEND ZEIT UND RAUM DAFÜR GEGEBEN WERDEN. KRISEN UND KONFLIKTSITUATIONEN BIETEN KEINE GUTE VORAUSSETZUNG DAFÜR.

können, aber es will noch nicht klappen?», bemerkte ich. Er nickte. «Die meisten müssen es 800-mal versuchen, bis sie es schaffen», fuhr ich fort und griff ganz willkürlich zu dieser hohen Zahl. Schweigend malte er weiter – bis sein Herz so war, wie er es sich vorgestellt hatte. Frustration ist eine Mischung aus zwei Gefühlen: dem Wunsch, etwas zu können, und der Enttäuschung darüber, es noch nicht bewerkstelligt zu haben. Als Erwachsener kann man beides anerkennen und bekräftigen.

Dieser erste Schritt ist wichtig, aber er allein reicht nicht aus. Verständnis für ein Gefühl zu äußern, es aber nicht überwinden zu können, ist keine Hilfe. Im Gegenteil – es kann das Kind hemmen. Nachdem Sie Verständnis geäußert und das Gefühl gewürdigt haben, müssen Sie dem Kind auch helfen, dieses zu bewältigen.

Manche beharren darauf, mit Kindern zu reden, als wären es Erwachsene. Aber Kinder sind Kinder und sollten auch nur als solche behandelt werden. Andere wiederum treiben eine «Babyfixierung» viel zu weit, indem sie verhätschelnd mit ihrem Kind sprechen, so als wäre es noch klein. Die Lösung liegt irgendwo dazwischen – Sie müssen Ihre Sprache der Entwicklung des Kindes anpassen.

Regt sich Ihr Kind auf, weil jemand Stifte aus seinem Federmäppchen genommen hat, dann nehmen Sie das ernst und akzeptieren Sie seine Wut – so etwas ist nicht schön –, aber dann müssen Sie ihm aus diesem Gefühl heraushelfen und wieder Normalität herstellen. «Natürlich bist du verärgert! Lass uns mal in dein Zimmer gehen und nachsehen, ob wir nicht noch ein paar andere Stifte finden, mit denen wir dein Mäppchen wieder füllen können!» Und von da aus können Sie dann – dem Alter Ihres Kindes entsprechend – das Gespräch weiterführen. Sie können darüber sprechen, dass man sich anderen gegenüber fair verhalten muss, über das Fehlermachen und darüber, anderen zu verzeihen, und darüber, was es heißt, für jemanden ein guter Freund zu sein.

Kindern muss – wie Erwachsenen übrigens auch – in Erinnerung gerufen werden, dass das Leben weitergeht.

Kinder brauchen Konflikte

Kinder profitieren von Konflikten, sie müssen mitbekommen, dass im Leben nicht jeden Tag die Sonne scheint. Es ist nur natürlich, dass Eltern sie vor allem Kummer bewahren wollen, aber damit tun sie ihnen keinen Gefallen. Auseinandersetzungen und Missverständnisse gehören von klein auf zum Leben dazu. Das kann hier und da wehtun, aber man kann den Kindern nichts ersparen – das Leben besteht nun mal aus Erfolgen und Niederlagen.

Den Eltern obliegt die Verantwortung, dass ihre Kinder ihre Gefühle auch ausdrücken können - sowohl, indem sie lernen, wie man das macht, als auch, indem Gefühle zu Hause zugelassen werden. Zu einer gelungenen Kommunikation gehört es, Gefühle zu äußern und diese nachzuvollziehen. Gefühle, die unter der Oberfläche brodeln oder missverstanden werden, lösen dagegen Stressreaktionen aus.

Natürlich kränkt es einen, nicht zu einem Geburtstag eingeladen oder von dem Klassenkameraden, den man am meisten mag, abgewiesen zu werden, aber das kommt vor. Und deshalb sollte man Konflikte und negative Erfahrungen trotz allem begrüßen: Sie sind eine ausgezeichnete Möglichkeit für das Bewältigen von Konflikten – und wenn Ihre Kinder von etwas profitieren, dann von dem Wissen, wie man Konflikte löst. Das werden sie im späteren Leben garantiert brauchen.

Geschieht das Gegenteil – reagieren wir auf Schwierigkeiten mit Verurteilung oder Kritik –, wird das Kind schlecht darauf vorbereitet, mit Rückschlägen fertig zu werden. Oder falls Sie als Erwachsener den Konflikt an seiner Stelle lösen und stets der Anwalt Ihres Kindes sind, wird es nicht lernen, wie es solche Situationen eigenständig lösen kann. Wenn Sie dagegen zeigen, dass man es gut allein schaffen kann, selbst wenn es im Leben hin und wieder einmal hart auf hart kommt, dann geben Sie wertvolles Wissen an Ihr Kind weiter – dann lernt es etwas über das Menschsein.

Am besten versuchen Sie, den Emotionen Ihres Kindes gelassen, geduldig und aufgeschlossen zu begegnen. Kinder, die lernen, Erlebtes in Worte zu fassen und schwierige Momente zu überwinden, sind selbständiger. Sie lernen, ihre eigenen Gefühle zu verstehen, können hinterfragen, woher diese kommen, wissen, was sie mit ihnen anfangen sollen, ob sie überhaupt stimmen – und so werden die Gefühle zu guten Fingerzeigen, nicht zu absoluten Wahrheiten. Mit Kindern, die gelernt haben, ihre Gefühle einzuordnen, kann man reden, kann ihnen bei der Bewältigung helfen – und sie werden draußen in der wirklichen Welt besser mit anderen Menschen zurechtkommen, werden größeres Selbstvertrauen haben, mehr Sicherheit verspüren und schneller selbst die Gefühle regulieren können, auf die sie stoßen. Kinder, die das nicht können, werden sich vor anderen verschließen.

Man kann seinen Kindern kein besseres Geschenk machen, als ihnen beizubringen, mit ihren Gefühlen angemessen umzugehen.

WIE SIE TROST SPENDEN

Befindet man sich bei Turbulenzen in einem Flugzeug, wünscht man sich nichts sehnlicher als einen Flugbegleiter, der einem mit beruhigender Stimme eine Erklärung liefert, jemanden, der einem Verständnis entgegenbringt und die Ermutigung gibt, die man braucht. In vielerlei Hinsicht nehmen wir in der Welt unserer Kinder ebenfalls die Rolle von «Flugbegleitern» ein. Kinder sind mit ihrer Geburt noch nicht in der Lage, sich selbst zu beruhigen, das lernen sie erst allmählich. Wenn sie verunsichert sind, brauchen sie Erwachsene, die ihnen erklären, was vor sich geht und wie sie die Situation überwinden. Kindern kann es nicht immer nur gutgehen, sie müssen Konflikte erleben und Dinge, von denen ihrer Meinung nach eine Gefahr ausgeht. Aber sie brauchen während dieser kleinen und großen Erfahrungen gleichzeitig jemanden, der ihnen hilft und ihnen Geborgenheit gibt. Dann wachsen sie daran, dann erleben sie, dass sie zurechtkommen und alles gutgeht. Gelassenheit bewahren, Verständnis zeigen, eine Erklärung und Trost anbieten, ist während der gesamten Kindheit eine wichtige Aufgabe der Eltern.

0–1 JAHR
Beruhigen und trösten

Manchmal ist man vollkommen ratlos, wenn das Baby nicht aufhört zu weinen. Was ist da bloß los? Was soll man tun? Das Kind kann einem keinen Hinweis darauf geben, und Sie finden es nur heraus, indem Sie sich auf die Suche begeben und das Problem einkreisen. Zuerst aber sollten Sie sich klar machen, dass Säuglinge je nach Situation verschiedene Arten von Weinen einsetzen und dass dieses Weinen die einzige Ausdrucksform des kleinen Kindes ist, um zu signalisieren, dass es einen braucht, dass es Hilfe braucht. Kleine Kinder weinen nie, um sich wichtig zu machen oder um Sie zu ärgern – sie weinen, weil sie etwas allein nicht bewältigen. Ob Ihr Kind nun hungrig oder müde ist, es gerade aufgewacht ist und eine frische Windel braucht

oder kuscheln möchte und Ihre Nähe sucht – Sie müssen der Sache auf den Grund gehen. Als Allererstes jedoch gilt: Zeigen Sie dem Baby, dass Sie für es da sind. Halten Sie es dicht am Körper, wiegen Sie es hin und her, während Sie überlegen, was die Ursache für diese Unmutsäußerung sein könnte. Nähe kommt immer zuerst! Kleine Kinder, die weinen, müssen getröstet werden, und körperliche Zuwendung ist ganz entscheidend für ihr Wohlbefinden. Etwas zu summen und dem Kind so auch mit Ihrer Stimme zu signalisieren, dass Sie präsent sind, haben Eltern schon zu allen Zeiten gemacht. Und wenn Sie sich zu erschöpft zum Trösten fühlen, sollten Sie wissen, dass Sie damit nicht allein sind. Besorgen Sie sich Unterstützung, damit Sie selbst einmal ausru-

hen können, bitten Sie Familie und Freunde einzuspringen, oder nehmen Sie die Hilfe einer Familienberatungsstelle in Anspruch.

1–2 JAHRE
Schaffen Sie Vertrauen

Endlich Worte äußern zu können und eine Sprache zu haben, ist für Kinder das Allergrößte. Das aber beinhaltet auch neue Konflikte, Enttäuschungen und Missverständnisse. Es kann für Eltern ziemlich frustrierend sein, mitzuerleben, dass ihr Kind kein Nein kennt, und dann trotzdem immer ausreichend Zeit und Geduld für es mitzubringen. Auch ist es manchmal nicht leicht, Trost zu spenden. Jetzt schlägt die Stunde der Wahrheit – was für ein Wesen hat Ihr Kind, und in welcher Entwicklungsphase befindet es sich? Möchte es lieber, dass Sie etwas abwarten, bis Sie es trösten? Oder möchte es gern, dass Sie es auf den Arm nehmen und ihm durch Ihre körperliche Gegenwart helfen, sich zu beruhigen? Sich bewusst zu machen, dass Gefühle immer einen Grund haben – selbst wenn Kinder noch nicht in Worten ausdrücken können, was sie denken und fühlen –, ist die wichtigste Erkenntnis diese Altersgruppe betreffend. Lassen Sie einen Ein- oder Zweijährigen nie allein mit sich, wenn er wütend oder außer sich ist. Zeigen Sie dem Kind, dass sie für es da sind und dass es sich immer an Sie wenden kann. Machen Sie ihm das klar, indem Sie in der Nähe bleiben und Ruhe bewahren, wenn in ihm oder ihr die Gefühle hochkochen, dann haben Sie die Grundlage für ein lebenslanges Vertrauen geschaffen.

3–5 JAHRE
Verstehen und hinter sich lassen

Stemmt eine Vierjährige die Hände in die Hüften und sagt: «Das ist das Schlimmste, was mir jemals zugestoßen ist!», hat sie womöglich recht damit. Denn mangels Erfahrung erscheinen einem Gefühle oft riesengroß. Werden Sie aktiv, fragen Sie nach, was los ist. Bestätigen Sie ihr, dass Sie es bemerkt haben, und helfen Sie Ihrem Kind, zu verstehen, dass Gefühle nicht die ganze Realität sind. Dass es – selbst wenn man wütend ist – bessere Reaktionen gibt, als zu schlagen, etwas zu zerstören oder umzustoßen. Gefühle erteilen einem nicht die Erlaubnis, alles Mögliche zu tun, geben aber Auskunft darüber, dass das Kind gerade ein Problem hat. Helfen Sie Ihrem Kind mit einfachen Worten, seine Wut zu bewältigen: «Ich verstehe, dass du wütend bist. So ist das manchmal. Und jetzt lass uns essen.» Das Kind ist auf Ihre Unterstützung angewiesen, um die Situation zu beenden und zu überwinden. Indem Sie ihm Verständnis entgegenbringen, helfen Sie ihm oder ihr, seine Gefühle zu sortieren. Aber Sie sollten das Problem nicht zu Ihrem Problem machen, sondern dem Kind aus dem Gefühl heraushelfen.

6–9 JAHRE
Ansprechbar bleiben und den Rücken stärken

Je älter die Kinder werden, desto schwierigere Situationen haben sie zu bewältigen. Mit dem Schulanfang kommen die Hausaufgaben, kommen Überlegungen, mit welchen Schulkameraden sie sich in der Freizeit treffen wollen, kräftezehrende Hobbys und Fragen wie: «Bin ich auch gut genug?» Man vergisst nur zu leicht, dass Kinder in diesem Alter immer noch das Verständnis und den Trost ihrer Eltern brauchen. Sind sie niedergeschlagen und wütend, weil sie an den Hausaufgaben scheitern, benötigen sie Unterstützung und Menschen, die sich in sie hineinversetzen – keine Zurechtweisungen oder Verurteilungen. In dieser Altersgruppe müssen Sie Ihrem Kind den Rücken stärken und ihm, wenn nötig, behilflich sein – ihm aber trotzdem nicht alle Probleme aus dem Weg räumen. Mit Frustration, Rückschlägen, Meinungsverschiedenheiten und sogar Feindschaft fertig zu werden, ist für das spätere Leben wichtig. Aber sie oder er muss wissen, dass Sie da sind, dass Sie sich in seine Lage versetzen können, dass Sie ihm alles erklären und ihm weiterhelfen. Unterhalten Sie sich regelmäßig mit Ihrem Kind, dann wissen Sie, was in seiner Welt so vor sich geht. Schweigsame Erwachsene geben keine Anreize.

10–13 JAHRE
Auf dem Laufenden bleiben

Zehnjährige sehnen sich nach Autonomie und suchen danach. Ihr Wunschtraum wäre ein ganzer Tag ohne Erwachsene. Trotzdem brauchen auch sie noch Rat, Hilfestellungen und Trost – wenn man sich dem Teenageralter nähert, begegnet einem ständig Neues. Sich so zu positionieren, dass man Trost spenden darf, ist in dieser Altersstufe die größte Herausforderung für Eltern – drängen Sie sich auf, fühlt sich Ihr Kind erdrückt, halten Sie sich ganz fern, fühlt es sich verlassen. Sorgen Sie für einen regelmäßigen Austausch ganz unter sich, beispielsweise beim Zubettgehen, auf dem Schulweg oder in Form eines kleinen Wochenendrituals, etwa einem gemeinsamen Kakao oder ein wenig Exklusivzeit mit einem Elternteil. Schenken Sie Nähe und Zuwendung, hören Sie zu, wie sich das Leben für Ihr Kind darstellt, und bleiben Sie auf dem Laufenden. Dann ist es auch wahrscheinlicher, dass Sie von Problemen erfahren und Trost spenden und Rat erteilen dürfen.

In dieser Altersgruppe verlieren viele Eltern den Kontakt zu ihren Kindern, weil diese schon so selbständig zu sein scheinen. Lassen Sie sich aber nicht täuschen, machen Sie sich klar, dass Sie noch gebraucht werden.

Auch körperliche Nähe ist nicht zu vernachlässigen, einfach nur da zu sein – dem Kind mal über den Rücken zu streichen, beispielsweise. Allerdings legen viele Kinder Wert darauf, dass das nicht in aller Öffentlichkeit geschieht. Achten Sie darauf, welche Signale Ihr Kind aussendet, und vermeiden Sie es, ihn oder sie in Verlegenheit zu bringen.

13–17 JAHRE
Akzeptanz und Unterstützung anbieten

Teenager durchleben eine umwälzende hormonelle und entwicklungsmäßige Veränderung. Solche tiefgreifenden Entwicklungsschübe sind nicht nur normal, sondern auch nötig. Versuchen Sie, das Band zwischen sich nicht abreißen zu lassen, sorgen Sie dafür, dass noch eine kleine Verbindung zwischen Ihnen bestehen bleibt, die unbelastet von Konflikten ist, und signalisieren Sie, dass Sie da sind, wenn Sie gebraucht werden. In diesem Alter sind Kinder sehr vergesslich und benötigen oft Unterstützung bei praktischen Dingen – nehmen Sie ihnen nicht alles ab, aber zeigen Sie, dass Sie noch etwas beizusteuern haben. Akzeptieren Sie Ihren Heranwachsenden in dieser Phase, so wie er ist, dann sind Sie ihm ein großer Trost. Möglicherweise bleibt in diesen Jahren einiges von dem bereits Errungenen und der früher gewonnenen Selbständigkeit ein wenig im Verborgenen – ab einem Alter von 16 Jahren wird dies dann Schritt für Schritt wieder sichtbar. Denken Sie daran, dass auch Teenager zu einem Erwachsenen, der Sicherheit ausstrahlt, Kontakt brauchen, und sie, wenn es im Leben mal nicht so glatt läuft, getröstet werden möchten.

SCHLAF –
RHYTHMUS DES LEBENS

«Warum schläft sie nicht?» – «Er lässt sich nicht zu Bett bringen.» – «Wir haben alles versucht.» Ob man ein kleines oder ein großes Kind hat – der Schlaf wird in einer Familie immer ein Thema sein. Teenager bekommen häufig zu wenig Schlaf und gehen viel zu spät ins Bett, während Kleinkinder oft viel zu früh aufwachen oder es ihnen schwerfällt, in den Schlaf zu finden. Wichtig ist, daran zu denken, dass der Schlaf des Kindes – wie auch der von Erwachsenen – mit dem übrigen Alltagsgeschehen verknüpft ist. Ebenso wie wir schlafen auch Kinder meistens schlechter, wenn sich gerade viel abspielt. Womöglich lernen sie zurzeit das Laufen oder das Sprechen, haben am nächsten Tag eine Französischarbeit oder es gab eine Auseinandersetzung im Freundeskreis.

Wer viel Unruhe empfindet, schläft schlecht. Kinder oder Jugendliche brauchen aber dennoch mehr Schlaf als Erwachsene.

Deshalb sollten Sie dem Schlaf in der Familie einen hohen Stellenwert einräumen. Helfen Sie Ihrem Kind dabei – egal wie alt es ist und in welcher Phase es sich befindet –, in den Schlaf zu finden. Womit Sie das erreichen, hängt natürlich vom

Alter des Kindes ab, doch Sie sollten nie glauben, dass Ihre Kinder zu wenig schlafen oder nicht zur Ruhe kommen, um Sie zu ärgern. Sie tun das, weil Schlaf – auch für sie – so wichtig und gleichzeitig so schwer zu finden ist.

Wann immer jemand eine angeblich geniale Methode präsentiert, um Kinder zum Schlafen zu bewegen, ergeht es mir ein bisschen so, als hätte ich im Internet von einer neuen revolutionären Diät gelesen: Schlaf- und Gewichtsprobleme sind ähnlich schwer zu beheben, und es gibt nicht *die eine* Lösung, die für alle funktioniert. Es geht dabei um viel mehr als nur um ein paar simple Maßnahmen, selbst wenn man gelegentlich mit einigen ins Schwarze trifft. Dann neigt man leicht zu der Annahme, endlich den Code geknackt zu haben – bis man wieder neuen Nachwuchs bekommt und der Familienzuwachs ganz anders tickt und eine ganz andere Lösung benötigt.

Versuchen Sie also herauszufinden, welche Tricks und Kniffe für Ihr Kind das Richtige sind. Machen Sie sich aber auch bewusst, dass es beim Schlaf viel um den familiären Rhythmus geht, um den Lebensrhythmus und darum, Ihrem Kind durch die verschiedenen Probleme und Phasen zu helfen, mit denen es sich gerade auseinandersetzen muss.

MEINE BESTEN SCHLAFTIPPS (FÜR JÜNGERE KINDER)

★ Sorgen Sie für eine angenehme Zeit vor dem Schlafengehen – der Abend sollte mit etwas Schönem assoziiert werden. Grauen Sie als Eltern sich dagegen vor dem Zubettbringen und steht schon der ganze Nachmittag unter diesem Vorzeichen, dann muss es auf die eine oder andere Art schiefgehen.

★ Denken Sie an eine frühe Schlafenszeit. Übermüdete Kinder lassen sich nur schwer ins Bett bringen, ob es nun Teenager sind oder Kleinkinder.

★ Führen Sie Rituale ein. Singen Sie immer dasselbe Lied, lesen Sie aus einem Buch vor, kuscheln sie so miteinander, wie Sie es immer tun, lassen Sie die Teddys jedes Mal eine Unterhaltung miteinander führen. Versuchen Sie aber, das Zubettgehen kurz zu gestalten und nicht zu lange Rituale zu entwickeln, die sie alle zermürben.

★ Verlassen Sie das Zimmer, wenn das Kind bereit dafür ist und Sie es für das Beste halten. Das gilt für viele Kinder ab einem Alter von zwei Jahren, während andere Ihre Anwesenheit beim Einschlafen noch bis in die ersten Kindergartenjahre hinein brauchen.

- ★ Gehen Sie ins Zimmer, wenn Ihr Kind weint, und trösten Sie es. Sie können ein paar Minuten abwarten, aber lassen Sie Ihr Kind nicht zu lange warten. Dann fällt es ihm schwerer, wieder zur Ruhe zu kommen.

- ★ Teilen Sie Ihrem Kind mit, wann Sie das Zimmer verlassen, aber sagen Sie ihm auch, dass Sie weiter auf es achtgeben. Zeigen Sie ihm, dass Sie in der Nähe bleiben. Gehen Sie so viele Male wieder zu ihm ins Zimmer wie nötig.

- ★ Wechseln Sie sich ab! Beide Elternteile sollten die Kinder mal allein ins Bett bringen. Sind Sie alleinerziehend, versuchen Sie – falls möglich –, ab und an einmal für Entlastung zu sorgen.

- ★ Das Schlafzimmer sollte kühl sein und ein Ort, der Geborgenheit ausstrahlt. Wenn Sie im selben Bett wie Ihr Kind schlafen, schaffen Sie sich ein größeres an.

- ★ Verzweifeln Sie nicht! Es dauert seine Zeit, abends zur Ruhe zu kommen, aber man lernt es allmählich. Und am Ende schlafen alle Kinder die ganze Nacht in ihrem eigenen Bett durch.

3

DIE KINDER
LOSLASSEN

Kindern ergeht es heutzutage durchweg besser als jemals zuvor. Nur in einer Hinsicht nicht – sie sind nie für sich allein.

Die heutige Elterngeneration ist so überorganisiert wie keine vor ihr. Selbst die Freizeit der Kinder wird systematisiert und findet immer unter der Aufsicht Erwachsener statt: Fußballtraining, Theater-AG, Tanzstunden, Musikunterricht, Kinderturnen – all dies gemeinsam mit Erwachsenen, die alles sicher im Blick haben. Das also ist die Vorstellung der Erwachsenen von Freiheit: für ein paar Aktivitäten zu bezahlen und über den Kindern zu schweben, und dann dürfen sie sich allein entfalten. Ich habe mich schon oft gefragt, warum wir das tun. Vielleicht, weil das unsere Vorstellung davon ist, was gute Eltern tun sollten, damit wir, was unsere Kinder betrifft, auch ja am Ball bleiben?

Ich glaube, die meisten Eltern wissen in ihrem tiefsten Inneren, dass da ein bitterer Nachgeschmack bleibt. Kinder wollen unsere Blicke nicht ständig in ihrem Nacken spüren, sie brauchen freies Spiel. Erwachsene sollten in der Nähe bleiben, damit sie bei Auseinandersetzungen oder wenn das Spielen zum Erliegen kommt, Hilfestellung leisten können, aber dann sollten sie sich zurückziehen und den Kindern Raum geben. Väter und Mütter müssen nicht andauernd die Seitenlinie entlanglaufen, um ihr Kind beim Training oder bei einem Spiel anzufeuern, wir müssen den Kindern nicht für alles den Weg ebnen, sondern sie lieber etwas eigenständig machen lassen, damit sie zu Hause davon erzählen können.

Es mag sich seltsam anhören, aber es ist ein wirklich lohnender Hinweis: Bestimmen die Eltern zu stark über den Alltag der Kinder, verlieren diese den Glauben an sich selbst. Dann denken sie

Ermöglichen Sie es Ihren Kindern, alleine zu spielen. Führen die Erwachsenen zu sehr Regie, eignen Kinder sich nicht das an, was sie im Leben wirklich brauchen. Von Natur aus sind sie nämlich so programmiert, einen Großteil ihrer Fähigkeiten durch das Spielen zu erwerben.

nicht länger, dass sie selbst etwas beitragen können. Es erstickt sie, selbst wenn die Eltern in guter Absicht handeln.

Auf eigenen Beinen zu stehen, gehört dazu, um sich nicht unzureichend zu fühlen.

Kleine Geheimnisse

Es tut Kindern gut, für sich allein zu sein – und Kinder brauchen Geheimnisse. Ich möchte deshalb eine Lanze brechen für die kleinen Geheimnisse, die man sein Leben lang hindurch wie kleine Glücksamulette bei sich trägt: ein im Schrank verstecktes Tagebuch, eine abgelegene Holzhütte im Wald, das heimliche Stück Schokolade, eine Begegnung mit jemand ganz Besonderem. Heute lassen sich die Kinder besser als jemals zuvor überwachen, Handys und Uhren haben GPS-Sender. Kindern, deren Eltern zu jeder Zeit wissen wollen, wo sie sich aufhalten, die verlangen, alle Benutzernamen und Passwörter zu kennen, die sie überall hinfahren und wieder abholen, in ihren Tagebüchern und Facebook-Posts lesen, fehlt es an kleinen Geheimnissen. Sie können keinen Umweg gehen, um einen Blick in den Garten des Jungen oder Mädchens zu werfen, in den oder das sie verliebt sind, und sie können auch nicht aus Angst vor den Schul-Rowdys einen anderen Nachhauseweg einschlagen.

Werden sie ständig überwacht, können Kinder nicht all die Dinge tun, durch die sie lernen, mit dem Leben klarzukommen.

Wenn ich bei meinen Vorträgen gelegentlich auf dieses Thema zu sprechen komme, erheben sich oft Mütter oder Väter und meinen, dass man auch aufpassen müsse, was die Kinder online treiben, dass es wichtig sei, zu überwachen, was ins Internet gestellt werde, oder dafür zu sorgen, dass niemand gemobbt werde. Ich bin der Ansicht, dass Kinder wache und interessierte Eltern brauchen, aber das darf nicht dazu führen, dass man von den Kindern die PIN des Handys oder das Computer-Passwort verlangt. Nehmen wir unseren Kindern diese kleinen, persönlichen Rückzugsorte, nehmen wir ihnen ihren Schutzraum. Vielleicht haben Sie einen Vierzehnjährigen zu Hause, der sich fragt, ob er homosexuell ist, aber noch nicht so weit ist, mit jemandem darüber zu reden, vielleicht teilt Ihre Dreizehnjährige aus Spaß oder aus Neugier Fotos mit ihren Freundinnen, und das sollen die Kinder auch tun dürfen, so etwas sollte man nicht vereiteln.

Schon im Kindergarten kommt es darauf an, dass die Erwachsenen auf die Kinder achtgeben, ohne sie zu überwachen. Kinder brauchen die Freiheit, verschiedene Spielweisen ausprobieren zu können, verschiedene Arten des zwischenmenschlichen Austauschs zu erproben, ohne sofortigen Eingriff der Erwachsenen. Die Kinder wie im Gefängnis zu überwachen, ist übergriffig und im schlimmsten Fall schädlich.

Ziel soll es schließlich sein, seinen Kindern beizubringen, mit der Zeit ein eigenes Leben zu führen – und das müssen sie üben.

Kinder brauchen Geheimnisse, die sie mit Ihnen teilen. Das gibt ihnen das Gefühl, wertvoll zu sein. Schulanfänger brauchen Geheimnisse, die nur ihnen allein gehören. Eine Schwärmerei, sich etwas im Internet anzugucken oder eine Leckerei nur für sich allein zu haben, sind süße kleine Geheimfächer in ihrem Innern, die sie für sich bewahren dürfen sollten.

Lassen Sie die Kinder also los, aber tun Sie es schrittweise, im Rhythmus ihrer Entwicklung, indem Sie ihnen Herausforderungen ermöglichen, die ihnen gelingen können. Dann eignen sie sich nützliches Wissen an und wachsen daran.

Und deshalb ist das freie Spiel so wichtig.

Sich austoben dürfen

Man vergisst nur zu leicht, mit welchen Gaben uns die Natur bedacht hat. Man stellt sich vielleicht vor, Selbstgefühl wäre etwas, das Eltern an ihre Kinder weitergeben, aber Kinder sind – in all ihrer Unbeschreiblichkeit – schon von Geburt an so programmiert, dass sie sich selbst alles aneignen können, was sie zur Ausbildung ihres Selbstvertrauens brauchen. Das geschieht ganz von allein, und es geschieht durch das Spielen – wenn man es ihnen erlaubt. Ab einem Alter von sechs, sieben Monaten sieht man, dass Kinder

LASSEN SIE SICH NICHT ENTMUTIGEN, WENN SICH NEUE PROBLEME ERGEBEN, DIE IHNEN SORGEN MACHEN – DAFÜR KÖNNEN SIE ANDERE HINTER SICH LASSEN.

nach oben und vorwärts streben, vom Gedanken besessen, einen Stuhl zu besteigen oder eine Treppenstufe zu erklimmen. Sie möchten sich immerzu strecken, um mehr zu erreichen, um zu lernen, um aufzustehen und zu laufen. Und so geht es weiter: mit neuen Spielen, neuen Erfahrungen, die es zu machen gilt – und das alles tun sie ganz von selbst.

Sie brauchen keine entwicklungsfördernden Spiele oder Erwachsene, die sie anleiten, sie müssen es nur tun dürfen.

Geben wir ihnen Raum, sich zu entwickeln, und stellen gleichzeitig nicht zu früh Erwartungen an das Ergebnis, lernen sie alles, was sie über sich selbst und die Welt um sie herum wissen müssen.

Die Angst überwinden

Ich bin schrecklich wasserscheu. Es ist natürlich Ironie des Schicksals, dass ausgerechnet ich einen Partner habe, der es liebt, bei Wind und Wetter mit seinem Boot auf dem Meer zu sein. So sehr ich es auch versucht habe, nie konnte ich mich entspannen, wenn wir mit den Kindern auf dem Wasser waren. Meine Jungs haben wenig davon, ihrer Mutter dabei zuzusehen, wie sie die ganze Zeit in Sorge ist – also blieb mir nur eines: Ich habe meinen Mann gebeten, gut auf die Jungs aufzupassen, ihnen immer die Rettungswesten anzulegen und auf die Sicherheit an Bord zu achten, und habe sie buchstäblich ihrem Schicksal überlassen. Ich musste sie loslassen. Als Mutter ist das meine Pflicht. Wenn wir an Land sind und sie von einem hohen Felsen zum anderen springen, ist es wiederum mein Mann, der da nicht hinsehen kann, dann passe ich auf.

Als Mutter oder Vater ist man nun mal für die Sicherheit seines Kindes verantwortlich. Zuerst einmal geht es jedoch vor allem darum, zu schauen, in welcher Phase sich das Kind befindet und was in diesem Stadium gerade gefährlich sein kann. Für ein Kleinkind sind das womöglich Treppen und Becher mit heißem Kaffee, für einen Fünfjährigen kann das bedeuten, dass er mit dem Laufrad dem Verkehr nicht zu nahe kommt, während ein Fünfzehnjähriger lernen muss, nicht zu viel Alkohol zu trinken und die Wichtigkeit von Verhütung zu erkennen. Die Sicherheit des Kindes hängt in vielerlei Hinsicht stark davon ab, in welcher Entwicklungsphase es gerade steckt.

Doch soll ein Kind das Laufen lernen, muss es auch hinfallen dürfen. Selbst, wenn alles Mögliche dabei schiefgehen könnte, muss das Kind beispielsweise Rad fahren lernen. Verhalten sich Eltern zu überbehütend und geben ständig darauf acht, dass ihr Kind sich auch ja nicht wehtut, bremsen sie seine natürliche Entwicklung aus. Und das bedeutet zugleich, dass man ihm Selbstbewusstsein und die Möglichkeit zu sozialem und geistigem Wachstum raubt. Ängstliche Eltern unterbinden Kontakt zu ihrem Kind.

Legen Sie Ihrem Kind zu starke Zügel an, bekommt es Angst, Fehler zu machen und etwas nicht bewältigen zu können, dann wird es den Glauben an sich selbst verlieren und passiv bleiben.

Und diese Kinder – denen zu wenig Raum gegeben wird, um zu wachsen und sich zu entfalten – werden auch keinen Rat und keine Hilfestellung bei ihren Eltern suchen. Sie wissen, dass die Reaktion darauf nur strenge Ermahnungen wären, weshalb sie gar nicht erst fragen. Sind Eltern also zu streng und überwachen sie ihre Kinder zu sehr, gehen emotionale Nähe und Vertrauen verloren. Stellen Sie sich vor, Ihr Kind wäre ein Baum: Wird er zu dicht neben anderen und im Schatten gepflanzt, kann er sich nicht richtig entwickeln. Wird er zu weit entfernt von anderen Bäumen gepflanzt, ist er Wind und Wetter zu sehr ausgesetzt. Wenn ein

DIE KÖRPERLICHE ENTWICKLUNG BEDINGT DIE GEISTIGE. WENN SCHULKINDER STILL SITZEN UND DEM UNTERRICHT FOLGEN SOLLEN, MÜSSEN SIE AUCH KLETTERN, SPIELEN UND SICH AUSTOBEN DÜRFEN.

Zehnjähriger lernen soll, zum Sport und zurück zu fahren, muss er allein den Bus nehmen – er muss lernen, wie man bezahlt, wann es angebracht ist, anderen Platz zu machen, und Erwachsene, wenn nötig, um Hilfe zu bitten. Wenn Sie als Eltern so ängstlich sind, dass Ihr Kind den Bus nicht nehmen darf, verkleinert sich der Radius Ihres Kindes. Dann fühlt es sich nicht so selbständig, wie es mit zehn Jahren sein sollte.

Beim Elternsein geht es also darum, mit seinem Kind gemeinsam zu wachsen, und zu erkennen, wann es bereit dafür ist, etwas Neues auszuprobieren – und es loszulassen.

SPIELEN, UM SELBSTVERTRAUEN ZU ENTWICKELN

In allen Ländern und Kulturen spielen Kinder desselben Alters mehr oder weniger auf dieselbe Weise. Das ist ein kleiner Fingerzeig dahingehend, wie ähnlich wir Menschen uns sind und wie eng miteinander verbunden. Und es zeigt uns, dass es für die soziale und geistige Entwicklung von Kindern eine grundlegende Struktur gibt – eine Struktur, die sich in unseren Spielen widerspiegelt. Kinder erwerben das, was sie brauchen, durch das Spiel, und das Spiel muss vom Kind selbst gesteuert sein, damit es gelingt. Erwachsene können daran teilnehmen, das Kind selbst aber muss die Regeln festsetzen. Dabei wird es immer ein wenig Variation im Hinblick darauf geben, wann dieses oder jenes Kind in diese oder jene Entwicklungsphase eintritt. Man sollte allerdings nie den Spielphasen des Kindes vorgreifen. Stattdessen sollten die Eltern dem Tempo des Kindes folgen und kein Spiel oder Spielzeug einführen, bevor das Kind dazu bereit ist.

Auf diese Weise wird es – ganz von allein – das lernen, was es braucht, um Selbstvertrauen zu entwickeln, lernen, was ihm ein gutes Selbstgefühl schenkt und es für sein weiteres Leben rüstet. Wenn Sie es denn zulassen.

0–2 JAHRE
«Guck-Guck-Spiele»

Das allererste Spiel, an dem Kinder sich aktiv beteiligen, ist das «Guck-Guck-Spiel» in unzähligen Variationen. Es liegt eine enorme Faszination darin, wenn jemand hinter der Tür, hinter den Händen oder unter dem Tisch hervorguckt. «Bist du wirklich immer noch da?» Dieses Spiel trägt zur Entwicklung des Selbstgefühls bei, indem es das Kind darin bestätigt, dass es ein «Ich» ist und der andere ein «Du» – und dass es vom «Du» gemocht wird! Das erfreute Lachen, die gegenseitige Freude bei Kindern und Erwachsenen, wenn der Kontakt aufs Neue hergestellt wird, vermittelt beiden Seiten das Gefühl, geliebt zu werden, erwünscht und wertvoll zu sein. Es ist so einfach – und gleichzeitig etwas so Schönes. Wenn wir uns über den Anblick des Kindes freuen, äußern wir damit: «Du bist in dieser Welt erwünscht», und wir vermitteln gleichzeitig emotionale Nähe und Bestätigung.

Dieses Spiel entwickelt sich weiter, wenn man es zulässt. Es einen Teil des Alltags werden zu lassen, ist weit bis ins Kindergartenalter hinein sinnvoll, obwohl es seinen Höhepunkt erreicht, kurz bevor das Kind vermehrt zu sprechen beginnt – dann kann es fortgeschrittenere Spiele spielen. Ist dieses Alter erreicht, sollten Sie sich als Erwachsener jeden Tag ab und an zu Ihrem Kind auf den Boden setzen, mit ihm plaudern und beobachten, was Ihr Kind gerne tut. Indem Sie mitspielen und zeigen, wie man Zeit miteinander verbringen kann, wird Ihr Kind später bessere Fähigkeiten dafür entwickeln, mit anderen Kindern zusammen zu spielen.

2–3 JAHRE
«Mithelfen»-Spiele

Die nächste Entwicklungsstufe des kindlichen Selbstgefühls durch das Spielen sind Spiele, bei denen die Kinder selbst eine Hilfe sein können. Kinder sind ganz versessen darauf, einem beim Füllen der Geschirrspülmaschine oder beim Abtrocknen behilflich zu sein und die Aufgaben der Erwachsenen wie das Bügeln, Staubsaugen oder Kochen nachzuahmen. Dadurch macht sich das Kind selbst klar, dass es auch etwas beitragen kann und nicht nur Arbeit macht. Das führt zu neuen Kontaktmöglichkeiten zwischen Kindern und Erwachsenen, wobei der Sprache nun eine bedeutendere Rolle zukommt. Zu zeigen, dass alle Familienmitglieder auf ihre eigene Weise wertvoll sind, geschieht ganz automatisch – dadurch, dass die Erwachsenen sich bedanken und die Bemühungen des Kindes zu schätzen wissen. Es geht natürlich schneller, wenn man als Erwachsener alles selbst macht, aber es Kindern in dieser Phase zu ermöglichen, selbst einen kleinen Beitrag zu leisten, macht sie selbstbewusst.

3–5 JAHRE
Rollenspiele

Mit der Zeit verbessert sich das Sprachvermögen des Kindes wie auch sein soziales Verständnis. Dann tritt das Kind in eine Phase ein, in der Rollenspiele wichtig sind – in denen die Kinder sich selbst Rollen zuteilen und ständig komplexere Alltagssituationen imitieren. Das Grund-

legendste aller Rollenspiele ist das «Mutter-Vater-Kind-Spiel». Es bietet Raum für viele verschiedene Mitspieler, selbst in unterschiedlichen Entwicklungsphasen. Die Rolle der Mutter beispielsweise ist anspruchsvoller als die des Hundes oder des Babys, deshalb ist dieses Spiel sowohl für kleine wie für etwas größere Kinder geeignet.

Kinder lernen dadurch, miteinander zu kooperieren, einander Raum zu geben – und ihr Selbstgefühl wird dadurch gestärkt, dass es ihnen eigenständig gelingt, Teil der «Gesellschaft» zu sein. Viele Eltern finden es irgendwann sehr ermüdend, ständig Teegesellschaft, Kindergarten oder Konzert zu spielen – doch durch ein vertieftes Rollenverständnis bekommen Kinder Gewissheit darüber, wer sie sind oder sein möchten. Sie probieren schlicht und einfach verschiedene Rollen aus und üben so für ihr zukünftiges Leben.

5–7 JAHRE
Phantasie-Spiele

Die größeren Kindergartenkinder können komplexere Spiele spielen, für die ein größeres Vorstellungsvermögen nötig ist; für sie öffnet sich so eine ganz neue Welt. Sie tun so, als wären sie Superman oder Superwoman, machten eine Mondlandung oder führten Krieg. Spiele dieser Art werden häufig gemeinsam unter Kindern gespielt – die Phantasiewelt des Kindes darf erblühen, und das fördert eine neue Form der Selbständigkeit – es ist der erste Schritt hin zu einer erlebten Selbständigkeit. Es ist eine Erfahrung, dass ein «Ich» existiert, das anders

als alle anderen ist. Das bestärkt das Kind darin, einzigartig zu sein, und es erkennt, dass die Welt ein phantastischer Ort mit vielen Möglichkeiten ist.

Lassen Sie Kinder in diesem Alter miteinander spielen, helfen Sie ihnen aber, wenn sich größere Probleme ergeben, die sie nicht selbst überwinden können. Die Eltern sind dafür zuständig, Konflikte zu lösen, indem sie mit den Kindern über das Vorgefallene sprechen. Ist ein Kind darunter, das beim Spielen oft Außenseiter ist, regen Sie Spiele an, an denen sich auch dieses Kind beteiligen kann. Mag ein Kind beispielsweise gerne Perlen aufziehen, bieten sie anderen Kindern auch diese Beschäftigung an, sodass sie das miteinander tun können. Und spielen Sie weiterhin mit Ihrem Kind! Erwachsene, die mit ihren Kindern spielen, lernen sie besser kennen.

7–9 JAHRE
Regelgesteuerte Spiele

Nach der wunderbaren Phase, die das Phantasiespiel den Kindern ermöglicht, treten die meisten Kinder in ein Stadium ein, in dem das Existieren, das Begreifen und Einhalten von Regeln wichtig ist. Kinder wollen Regeln, wollen diese aber auch gerne in Frage stellen. Jetzt zeigt sich letztlich, wer bei den Kindern die Führung übernimmt und mehr als andere bestimmt. Kinder dieser Altersstufe entwickeln sich mehr und mehr zu mündigen Bürgern, die sich zu einer vielschichtigen Umwelt verhalten müssen – und in so einer Welt spielen Regeln eine bedeutende Rolle.

Nun kommt es darauf an, den Kindern dabei zu helfen,

ein flexibles Regelverständnis zu entwickeln, das sich nicht nur an ihren eigenen Wünschen und Bedürfnissen orientiert. So gelingt es den Kindern, dauerhafte Freundschaften einzugehen und sich in Gesellschaft anderer wohlzufühlen. Als Eltern tut man in diesem Entwicklungsstadium gut daran, das Kind und seine Freunde allein spielen zu lassen. Falls es zu einer Auseinandersetzung kommt, sollten Sie nicht einschreiten und in jeder Situation die Partei Ihres Kindes ergreifen, sondern Ihrem Kind vielmehr beibringen, wie man verhandelt, sich gegenseitig versteht, wie man nimmt und gibt und – nun ja, miteinander lebt.

In diesem Alter nehmen Computerspiele häufig die ganze Aufmerksamkeit des Kindes in Anspruch. Regen Sie Ihre Kinder jedoch auch dazu an, mit anderen Dingen zu spielen und sich körperbetonten Spielen zu widmen, wie Fangen und Verstecken oder Räuber und Gendarm. Auch Malen ist immer noch beliebt, wenn man den Kindern die Gelegenheit dazu gibt. Ermöglichen Sie es Ihrem Kind, verschiedene Seiten an sich zu entdecken und so herauszufinden, was ihm oder ihr Spaß bringt.

9–13 JAHRE
Entwicklung enger Freundschaften durch Distanzierung von anderen

Erreichen Ihre Kinder in der Schule die Mittelstufe, ist Freundschaft für sie das Thema schlechthin. Sie suchen ihre Spielgefährten nun nach persönlichen Vorlieben aus, nicht nach Verfügbarkeit – aus einer Zweckfreundschaft wird eine Herzensfreundschaft. Das kann für die Erwachsenen eine große Herausforderung bedeuten, weil sie den Einfluss darauf verlieren, mit welchen Freunden sich das Kind umgibt. Häufig reden Kinder nun auch schlecht hinter dem Rücken anderer, um Vertrautheit zu den von ihnen Erwählten zu demonstrieren. In dieser Phase hängt die Entwicklung des Selbstgefühls des Kindes stark davon ab, enge Beziehungen zu anderen knüpfen zu können. Erwachsene sollten ihre Kinder auf eine behutsame und respektvolle Art so anleiten, dass sie sich nicht gegenseitig verletzen, und ihnen dabei helfen, dass dergleichen nicht in Mobbing ausartet, sollten aber gleichzeitig der notwendigen Entwicklung ihres Kindes nicht im Weg stehen. Kinder brauchen auch in diesem Stadium Eltern, die ihr Tun beobachten und ihnen Orientierungshilfe geben.

Kinder regeln Dinge jetzt weitestgehend allein, und das gemeinschaftliche Gefüge ist recht kompliziert geworden. Wird ein Kind zum Außenseiter, nehmen Sie das Kind mit zu Aktivitäten, bei denen es Kindern mit ähnlich gelagerten Interessen begegnen kann. In dieser Altersstufe können Sie Kinder jedoch nicht zwingen, zusammen zu spielen, Sie können aber dafür

sorgen, dass sie Gelegenheit dazu haben, und es dem Kind ermöglichen, selbst festzustellen, womit er oder sie sich gerne beschäftigt – um Gleichgesinnte zu finden.

VON 13 JAHREN AN AUFWÄRTS
Nähe und Geheimnisse

Von diesem Alter an werden Kinder tiefere und engere Freundschaften entwickeln. Sie tun das allerdings, indem sie hinter dem Rücken schlecht über andere reden, indem sie Geheimnisse miteinander teilen, Informationen über sich preisgeben und Allianzen schmieden. Man darf bei alldem nicht vergessen, dass Jugendliche unerfahren sind – die Gefahr, dass es zu Kränkungen kommt, ist hoch. Wenn mit einem Mal das Internet die wichtigste Form des sozialen Austausches ist, sind auch die Folgen des Fehlermachens weitaus größer als zuvor. Jugendliche brauchen jetzt Erwachsene, die verstehen, wie verletzend das alles sein kann, die ihnen Trost spenden und ihnen helfen, wenn etwas schiefgegangen ist. Jetzt gewinnt das Kind ein vertieftes Verständnis dafür, was es bedeutet, jemandem nahe zu sein, und lernt, mit Liebe und Zurückweisung umzugehen. Und das ist wichtig für die Entwicklung eines guten Selbstgefühls.

TEILEN SIE DIE BEGEISTERUNG!

Kinder wollen beachtet werden. Sind sie auf einen Baum geklettert, haben einen Fußballtrick vollführt oder sind bereit, von einem Drei-Meter-Brett zu springen, rufen sie: «Guck mal, Papa!» Sie möchten ihr Erlebnis mit Ihnen teilen. Viele Eltern erwidern dann etwas anderes als das, was das Kind eigentlich hören möchte.

«Toll machst du das!», sagen wir häufig. Das Kind sucht Nähe, wir aber sprechen eine Bewertung aus. Es mag gut gemeint sein, aber daraus erwächst nichts Gutes.

Bringt ein Vierjähriger eine Bastelarbeit aus dem Kindergarten mit, ist er nicht auf eine Beurteilung aus, wie gut oder schlecht diese geworden ist. Er möchte, dass man ihm begeistert gratuliert und sich das Gebastelte ansieht, ob es nun ein Bild oder eine Lego-Kreation ist.

Die Freude darüber, etwas gemeistert zu haben, ist etwas völlig anderes als das Gefühl, für etwas eine Bewertung zu erfahren. Sie können antworten: «Vielen Dank, mein Junge, erzähl mir doch mal, was du da gebastelt hast!» oder nur: «Hallo, mein Schatz! Schön, dich zu sehen!» – es kommt eigentlich gar nicht so sehr darauf an, was Sie erwidern, solange Sie mit Ihrem ganzen Ich demonstrieren, dass Sie Ihr Kind wahrnehmen, und Sie sich begeistert zeigen, dass es schlussendlich etwas voll-

bracht hat: «Wow! Schuhbänder zu binden, das ist schwer – und das kannst du jetzt!» Das ist viel mehr wert, als Noten zu vergeben.

Haben Sie ein Kind, das etwas ausprobiert, aber daran scheitert, dann sagen Sie nicht, dass er oder sie das gut gemacht hat. Lob kann nie schaden, denken wir womöglich, aber Ihr Kind durchschaut Sie. Es verliert das Zutrauen, es überhaupt noch einmal zu probieren. Helfen Sie ihm lieber, indem Sie ihm Mut machen, so lange weiter zu üben, bis Sie sich ehrlich begeistern können. Es gibt nichts Schöneres, als eine Sache erfolgreich zum Abschluss gebracht zu haben, und am schönsten ist es, wenn man das mit jemandem teilen kann, den man gern hat – und für Ihr Kind sind das Sie.

WAS TUN
BEI KRISEN?

Kinder ohne Probleme gibt es nicht, aber es wird immer irgend-
welche Eltern geben, die damit prahlen, wie einfach ihr Kind doch
sei. «Sie hat vom ersten Moment an durchgeschlafen» oder «Er
ist so ein Sonnenschein», sagen sie, aber das zeugt meistens nur
davon, dass die Probleme schon so lange zurückliegen, dass sie es
ganz vergessen haben.

Denn früher oder später *wird* es Schwierigkeiten geben. Es
werden Krisen kommen. Das klingt vielleicht deprimierend, aber
die ganze Kindheit besteht aus Herausforderungen: Alle Kinder
sind einmal impulsiv, bockig oder deprimiert. Erfahrenen Eltern
entlockt es manchmal ein kleines Lächeln, wenn andere über-
rascht sind, weil ihr Sohn mit eineinhalb Jahren entdeckt, dass
er Nein sagen kann. Das kann Verwirrung und Unruhe stiften, ist

aber kein Grund zur Sorge – das Kind muss lernen, wer es ist, und das tut es stufenweise und indem es verschiedene Phasen durchlebt. Sie als Eltern sind dafür zuständig, Ihrem Kind während all dieser Phasen Halt zu geben.

Häufig gerät in Übergangssituationen alles aus den Fugen – wenn man die Kinder zu Bett bringt, mit ihnen Zähne putzen will, wenn sie essen oder zur Schule oder in den Kindergarten gehen sollen. Kinder hassen Veränderungen. Und Eltern haben nicht immer eine Viertelstunde zusätzlich zur Verfügung, um den Übergang für die Kinder so leicht wie möglich zu gestalten, auch wenn man sich darum bemühen sollte.

Ich möchte Ihnen in diesem Kapitel zeigen, weshalb es die Mühe wert ist, sich auf ein aufgelöstes Kind einzustellen, welche Techniken Sie dafür heranziehen können und weshalb Sie herkömmliche Vorstellungen der Kindererziehung über Bord werfen können. Dies soll Ihnen ein Leitfaden für die Tage sein, in denen es zu Krisen kommt – Sie werden ihn brauchen.

Denn jetzt braucht Ihr Kind Sie am allermeisten.

«Früher oder später muss sie es doch mal lernen!»

Ein Vater war bei einem meiner Vorträge offensichtlich etwas entmutigt, weil meine Worte wohl so geklungen hatten, als wären Phasen, die viel Gelassenheit und Geduld erfordern, leicht zu überwinden. Anscheinend hatte ich den Mund etwas zu voll genommen und in seinen Augen Probleme verharmlost, denn am Ende erhob er sich und erzählte, er habe eine fünfjährige Tochter, die beim Verlassen des Hauses immer nur Schwierigkeiten machte. Nachdem er einmal ihre Jacke falsch geschlossen hatte, hatte sie einen riesigen Trotzanfall bekommen und sich heulend auf dem Boden gewälzt, sodass er sie schließlich mit zum Auto schleifen musste. «Zu sagen, man soll geduldig sein, ist leicht, aber in der Realität funktioniert das nicht. Früher oder später muss sie es doch mal lernen!», sagte er und setzte sich wieder. Ich kann seinen Frust verstehen – und alle Eltern werden sich in einer Situation wie dieser wiedererkennen können –, aber tatsächlich ist es so, dass sie es irgendwann lernen wird – wenn sie dafür bereit ist. So lange aber kommt es uns Erwachsenen zu, die Ruhe zu bewahren, zu verstehen, dass die Welt sich aus der Sicht einer Fünfjährigen ganz anders darstellt als aus unserer, dass eine falsch geschlossene Jacke für Kinder dieses Alters eine Katastrophe ist, und es die Mühe wert ist, ein paar Minuten zusätzlich einzuplanen, bevor man aus dem Haus muss, damit die ganze Familie Zeit hat, auf eine versöhnliche Art aufzubrechen. Leicht ist das nicht, und es wird auch nicht immer klappen, aber das ist die Aufgabe der Erwachsenen. Das Kind wird es mit der Zeit lernen.

Wirkungsvolle Kindererziehung

Viele Eltern, die ich im Laufe der Jahre kennengelernt habe, sind der Meinung, Kindererziehung sei dann angesagt, wenn etwas schiefläuft, es gehe darum, Grenzen zu setzen und mit Konflikten fertig zu werden. Das aber ist, wie schon erwähnt, ein Trugschluss.

Denn wie wichtig ist die Erziehung unserer Kinder, wenn es wirklich hart auf hart kommt, wenn sich eine Krise auftut und einem alles um die Ohren fliegt? Dann spielt sie so gut wie keine Rolle mehr – denn dann funktioniert sie nicht.

Die beste Kindererziehung findet dann statt, wenn es gerade nicht hoch hergeht, im ganz normalen Alltag. Wenn man es mit kleineren Krisen zu tun hat, muss man sich zuallererst beruhigen, bevor man seinen Kindern irgendetwas beibringen kann. Und damit es einmal gesagt ist: Die herkömmliche Vorstellung davon, ein Exempel zu statuieren, ist völlig falsch – so funktioniert Kindererziehung nicht. Ein Kind ein für alle Mal in seine Schranken zu weisen, indem man hart durchgreift, wenn es beim Essen eine Sauerei macht, oder ein Kind anzuschreien, das achtlos mit einem Glas hantiert, zeigt keine Wirkung. Verschreckte Kinder nehmen nichts auf. Man kann ein Kind womöglich kurzfristig dazu bringen, sich gut zu benehmen, indem man es einschüchtert, ihm droht oder es bestraft. Auf lange Sicht aber führt das bei Kindern nur zu Unsicherheit und zu einer Persönlichkeit, die weder Ihnen noch dem Rest der Welt traut.

Die langfristigen Auswirkungen solcher Methoden sind so zerstörerisch, dass sie den kurzfristigen Erfolg nicht wert sind.

Im sechsten Kapitel werde ich noch mehr auf Strafen und das Setzen von Grenzen zu sprechen kommen. Vorläufig möchte ich nur sagen, dass Gelassenheit und Verständnis die beste Basis für eine wirkungsvolle Kindererziehung sind. Es ist ein Vorhaben, das auf Dauer angelegt ist und mehr als zwanzig Jahre währt. Dabei geht es darum, wie man mit seinem Kind spricht, was man gemeinsam unternimmt und wie der familiäre Alltag gestaltet ist. Und deshalb ist es auch wichtig, die Maßnahmen entsprechend anzupassen: an Situationen, in denen es brenzlig wird, und an Situationen, die entspannter sind.

Sich erst mal beruhigen

Als ich Sarah das erste Mal traf, war sie zwölf Jahre alt. Sie kam gut in der Schule zurecht, hatte aber mit einem Mal Erwachsenen und anderen Kindern gegenüber ein wütendes und aggressives Verhalten entwickelt. Als sie eines Tages in meine Praxis kam, hatte sie in einer Sportstunde geschlagen und um sich getreten. Der Lehrer hatte sie erst mal gepackt und sie gefragt, was das solle, und Sarah hatte sich in die Enge getrieben gefühlt und sich abgewandt. Das hatte den Lehrer nur noch mehr verärgert, er war wütend geworden, hatte ihr mit Nachsitzen gedroht und verlangt, dass Sarah sich auf der Stelle entschuldigte. Je mehr er mit ihr schimpfte, umso mehr verschärfte sich der Konflikt, und umso mehr zog sie sich in sich zurück und kapselte sich ab.

Sarahs Verhalten in der Sportstunde war auch für sie selbst eine unschöne Erfahrung gewesen. Sie hätte gerne etwas mit den anderen Kindern zusammen gemacht und wollte von ihnen gemocht werden, aber in dem Moment empfand Sarah nur eine schreckliche Wut – eine Wut, die der Lehrer zunächst hätte in den Griff bekommen müssen. Erst wenn dieses Gefühl gewürdigt worden wäre, hätte sie sich wieder beruhigen und in den Unterricht zurückkehren können. Damit hätte der Lehrer den Vorfall beendet, und die Mitschüler hätten gesehen, dass die Situation geregelt worden war. Erst wenn Sarah sich wieder beruhigt hätte, hätte man in einem zweiten Schritt darüber sprechen können, wie man sich anderen gegenüber verhält.

Nachdem ich mich ein bisschen mit Sarah unterhalten hatte, stellte sich heraus, dass ein Großteil ihrer Frustration darauf zurückzuführen war, dass ihr Lieblingslehrer die Schule wechseln würde. Auf gewisse Weise hatte sie Angst davor, verlassen zu werden. Das kennen wir Erwachsenen manchmal auch. Da muss man nur daran denken, wie man sich in einer Beziehung manchmal gegenseitig das Leben schwermacht – häufig gerade dann, wenn man fürchtet, den anderen zu verlieren. Ich selbst bin mit einem Mann verheiratet, ohne den ich mir mein Leben nicht mehr vorstellen könnte, doch wenn mich manchmal die Eifersucht packt, kann ich eine furchtbare Wut auf ihn entwickeln – es ist die Angst vor dem Verlassenwerden, die sich dann bei mir bemerkbar macht. Es gibt für Kinder ebenso wie für Erwachsene nichts Schlimmeres, als allein gelassen zu werden.

Haben Kinder Angst vor dem Verlassenwerden, können sie sich ganz unmöglich aufführen. Deshalb ist es – wenn alles hochkocht – wichtig, das Kind zuerst zu beruhigen. Manchmal steckt wie bei Sarah Angst hinter einem solchen Verhalten. Andere Male wiederum haben sich Gefühle verselbständigt und das Kind hat gehandelt, ohne nachzudenken, und war noch nicht in der Lage, sich zu steuern. Gelingt es einem, herauszufinden, wie das Kind das Geschehen erlebt, kann man ihm das Gefühl geben, verstanden zu werden.

Der Rückzug

Zieht ein Kind sich zurück, bringt es nichts, wenn Eltern sagen: «Damit muss man rechnen, wenn man sich so benimmt. Er (oder sie) muss verstehen, dass das Konsequenzen hat.» In dem Moment erreichen wir damit nur eines – wir vergrößern die Kluft zwischen dem Kind und uns. Und das ist das Gegenteil von dem, was wir eigentlich wollen. Als Erwachsener liegt es an Ihnen, immer wieder für Kontakt zum Kind zu sorgen – und dadurch werden solche Konflikte auch aufgelöst. Man sollte immer versuchen, dem Kind Brücken zu bauen.

Wie wir solche Situationen auffassen und auf das Kind eingehen, entscheidet darüber, wie wir damit umgehen. Mein jüngster Sohn zum Beispiel leidet unter Zöliakie, und es dauerte eine Weile, bis wir herausfanden, was ihm fehlte. Heute weiß ich, dass er wie die Filmfigur Hulk reagiert, wenn man ihm kein bekömmliches Essen vorsetzt: Er wird grün vor Wut, unausstehlich und unkonzentriert. Diese Reaktion ist unendlich frustrierend, und ich gerate dann gelegentlich selbst in Wut und fühle mich wie die schlechteste Mutter von der ganzen Welt. Doch was hilft einem diese Reaktion in so einer Situation?

Ich weiß selbst, dass es meine eigene Ratlosigkeit und nicht sein Verhalten ist, das mich wütend werden lässt. Und ich weiß auch, dass er dann etwas ganz anderes braucht als eine verärgerte Mutter. Wenn sich zwischen Eltern und Kindern aber eine Kluft auftut, wird das Kind sich allein fühlen. Fühlen wir uns verlassen, werden alle Menschen zu einer schlechten Version ihrer selbst. Irgendwann wird man den Auslöser für die Wut, den Frust oder den Kummer des Kindes kennen – bei kleinen Kindern ist häufig Hunger oder Müdigkeit der Grund.

Mit der Zeit werden auch Sie wissen, was Ihr Kind in so einem Moment braucht. Der Auslöser für die Gefühle des Kindes kann

Wenn die Emotionen hochkochen, sollten Sie Ihrem Kind behilflich sein – und es nicht verurteilen oder wegschieben. Zeigen Kinder ein schwieriges Verhalten, sind sie auf der Suche nach Kontakt.

etwas ganz Spezielles sein – ein schlechtes Hörvermögen oder Allergien – oder es kann einfach bedeuten, dass es erschöpft ist und es für heute reicht.

Effektive Techniken für schwierige Situationen

Es gibt Techniken, die wütenden, ängstlichen oder aufgelösten Kindern helfen, wieder in einen «Normalzustand» zurückzukehren. Wenn Sie sich noch einmal in Erinnerung rufen, dass die geistige Entwicklung von Kindern in der gesamten Kindheit langsam und stufenweise vor sich geht, verhilft Ihnen das vielleicht zu etwas mehr Geduld, etwas mehr Gelassenheit im Umgang mit einer Situation, die Ihnen zunächst völlig aussichtslos erscheint.

Erkennen Sie bei Ihrem Kind erste Anzeichen dafür, dass sich ein Gefühlssturm zusammenbraut, können Sie diese Techniken anwenden:

1. **Das Gefühl ergründen.** Als Erstes sollte man ermitteln, welches Gefühl das Kind verspürt. Handelt es sich um Kummer, Wut, Angst oder Frustration?

2. **Sich klarmachen: Es gibt immer einen guten Grund.** Kein Gefühl ist grundlos. Ist Ihr Kind außer sich vor Wut, gibt es bestimmt einen Anlass dafür. Dieses Wissen beeinflusst Ihre Denkweise, und Ihr Kind wird Ihnen anmerken, dass Sie sein Gefühl ernst nehmen.

3. **Verständnis für das Gefühl äußern und es dem Kind bestätigen.** Falls Sie sagen: «Jetzt bist du wütend, ich habe dir gesagt, dass du nicht wütend werden sollst, damit gehst du den anderen auf die Nerven», wird das Kind nur mit noch mehr Wut darauf reagieren. Sagen Sie aber stattdessen: «Du bist ganz schön wütend, nicht wahr?», helfen Sie ihm und signalisieren dadurch: «Das kann ich nachvollziehen und ich stehe dir bei.» Unterstützen Sie Ihr Kind dabei, seine Gefühle zu verstehen und zu reflektieren, machen Sie es ihm einfacher, das Erlebte zu verarbeiten und sich nicht nur von seinen Gefühlen leiten zu lassen. Gefühle verstehen ist jedoch nicht dasselbe wie Gefühle akzeptieren. Wenn Ihr Kind andere schlägt, ist das nicht in Ordnung, aber es ist wichtig, der Sache auf den Grund zu gehen. Dann können Sie Ihrem Kind Hilfestellung geben.

4. Überwinden. Es ist von großer Bedeutung, eine problematische Situation zu überwinden und nicht in einer mitleidsvollen Reaktion zu verbleiben, sondern einen Weg aus der Situation zu finden und zu zeigen, dass das Gefühl enden und durch etwas Positives ersetzt werden kann. «Dich hat das mit den Schuhen furchtbar wütend gemacht? Das verstehe ich. Aber jetzt lass uns in die Küche gehen und Mohrrüben schneiden.»

Mit dem Reden warten

Man kann nicht mit einem Kind reden, wenn es heftigen Gefühlen ausgesetzt ist. Jedenfalls nicht in dem Moment selbst. Aber es wird immer einen anderen Zeitpunkt geben, an dem das Kind sich beruhigt hat, und dann können Sie das Gespräch mit ihm suchen und sich nach der Ursache für das Verhalten erkundigen. Dann kann man auf ruhige Weise sagen, dass es nicht unbedingt

Lachen ist womöglich der schnellste Weg, um mit Kindern in Kontakt zu treten. Zusammen zu lachen bedeutet, sich in der Gesellschaft des anderen wohlzufühlen. Es erfordert nicht viel Aufwand, zeugt von Liebe und Nähe und gibt Kindern das schöne Gefühl, mit Ihnen zusammen zu sein – und dazuzugehören.

hilfreich ist, zu schreien und zu treten, wenn man merkt, dass einen Zorn übermannt. Es ist viel einfacher, zu einem ruhigen als zu einem wütenden Kind durchzudringen.

Wenn man mit seinem Kind über das Vorgefallene spricht, bringt man ihm etwas über seine eigenen Gefühle bei. Manchmal allerdings ist es besser, Dinge einfach auf sich beruhen zu lassen. Das weiß ich als etwas übereifrige Psychologen-Mutter aus eigener Erfahrung – will man ständig über Probleme reden, hat das Kind irgendwann keine Lust mehr dazu. Mein jüngster Sohn hatte eine Phase, in der er nur noch mit den Schultern zuckte, wenn ich mit ihm über etwas sprechen wollte. «Ich will nicht darüber reden, Mama», erklärte er mir – natürlich wollte er das nicht. Ich ging etwas behutsamer vor, fragte auf eine andere Art nach und vielleicht auch zu einem anderen Zeitpunkt. Man sollte also weiterhin in einen Dialog mit dem Kind treten, aber das Kind nicht damit überfahren. Heute redet mein Sohn nur zu gern über dergleichen; er ist schon etwas älter und merkt womöglich selbst, wie gut ihm das tut.

Deshalb rate ich Eltern immer, Kinder über das von ihnen Erlebte sprechen zu lassen – das versetzt sie allmählich in die Lage, besser mit negativen Gefühlen umzugehen. Vergessen Sie aber nicht, dass Kinder nie lange über Dinge sprechen, die ihnen Probleme bereiten – 30 Sekunden reichen anfangs für ein Gespräch völlig aus. Selbst einige wenige Worte können da schon sehr hilfreich sein.

Dinge auf sich beruhen lassen

Unsere Kinder lieben das Stuhlkippeln. Mich hat das aus irgendeinem Grund immer gestört, ich weiß gar nicht so genau, warum. Es war nahezu unmöglich, sie zum Aufhören zu bewegen. Sie dürfen von mir aus gern eine Sauerei beim Essen anrichten oder sich ein wenig über feste Abläufe hinwegsetzen – das Stuhlkippeln aber wollte ich beenden. O ja, ich weiß, dass ich mir etwas Wichtigeres hätte herausgreifen können – aber wenn ich mich für eine Sache entschieden habe, kann ich nicht an mehreren Fronten kämpfen. Worauf ich damit hinauswill: Man sollte mit den Kindern nicht zu viele Kämpfe gleichzeitig ausfechten. Damit man sich zu Hause nicht nur auf Negatives konzentriert, sollte man auch mal Dinge auf sich beruhen lassen. Nehmen Sie also nicht alles gleichzeitig in den Blick, was Sie verändern wollen, sondern suchen Sie sich ein paar einfache Dinge heraus, wie beispielsweise das Spielen mit dem Wasserhahn im Badezimmer oder die Vereinbarung, dass im Haus keine Straßenschuhe getragen werden dürfen. Die Regeln müssen nicht perfekt befolgt werden, darum geht es nicht. Es ist viel wichtiger, ein einigermaßen ausgewogenes Gleichgewicht für die Familie als Ganzes herzustellen. Es muss nicht immer nur gute Stimmung herrschen und man muss sich nicht krampfhaft darum bemühen, jedoch gibt es eine gute Faustregel für alle Eltern:

Es sollte jeden Tag schöne Momente geben. Das kann eine Geschichte oder ein Erlebnis sein, die man miteinander teilt, oder das gemeinsame Lesen eines Buches, oder auch ein Blick, ein Lachen, ein Moment der Nähe – es muss gar nichts Großartiges sein. Schaffen Sie also Platz dafür und räumen Sie all den nervigen, anstrengenden Dingen keinen allzu hohen Stellenwert ein. Alle Eltern kennen das Gefühl, sich über dieses oder jenes Verhalten des Kindes so zu ärgern, dass es einen zur Weißglut treibt, nur um mitzuerleben, wie das Kind urplötzlich damit aufhört und mit etwas anderem beginnt, das einem ähnlich auf die Nerven geht – so ist das nun mal.

Für meine Jungs ist es beinahe ein Ding der Unmöglichkeit, mit dem Stuhlkippeln aufzuhören, und ich weiß, dass ich sie vor ihrem Auszug noch zig Mal darum bitten werde, aber das ist meine ganz persönliche Baustelle – ich habe sie mir trotz allem selbst ausgesucht, und es belastet unser Nervenkostüm hoffentlich nicht allzu sehr.

Wunder des Alltags

Der gewöhnliche Alltag verläuft in der Regel unspektakulär. Selbst in Familien, die ich zu Hause aufgesucht habe und die mir sagen, dass dort ständig Chaos herrscht, gibt es lange Perioden, in denen alles eigentlich ganz in Ordnung ist. In meiner eigenen Kindheit – in der viel Unruhe geherrscht hat – haben wir trotz allem viel gespielt und hatten schöne Zeiten miteinander. Ich will damit Folgendes sagen: Selbst wenn es einem so vorkommt, als würde einem ständig alles um die Ohren fliegen, ist das nicht die ganze Zeit über der Fall.

Man sollte sich diese Momente, die «normal» und unbelastet von Auseinandersetzungen sind, klar vor Augen führen und ihnen entgegensehen. Dann kann man kleine Wunder vollbringen.

Dann nämlich bringen Sie Ihrem Kind etwas über das Leben bei.

DAS ZUSAMMENSPIEL

Als ich jünger war, habe ich Geige spielen gelernt. Einer meiner Söhne hat dieses Instrument ebenfalls erlernt. Er kann besser als ich mit anderen zusammen musizieren, ich bin dafür technisch immer noch etwas versierter als er.

Falls Sie jemals versucht haben sollten, ein Streichinstrument zu spielen, wissen Sie vielleicht, wie schwer es ist, den richtigen Ton zu treffen. So vieles muss zusammenkommen, und der Finger muss im genau richtigen Moment die Saite treffen. Noch schwieriger ist es, mit einem anderen Streicher im Duett zu spielen. Beide Musiker müssen aufeinander hören, den Rhythmus und den richtigen Ton aufnehmen, damit alles harmonisch klingt.

Und so verhält es sich auch beim Zusammenspiel der Emotionen zwischen uns Menschen. Wir müssen unser eigenes Gefühl erspüren und das des anderen, um uns aufeinander einzustellen. Ein jeder ist für seine jeweiligen Gefühle selbst verantwortlich, aber das Zusammenleben ist ein Duett, das eine Form von Musikalität braucht. Eltern müssen daran arbeiten, dieselbe Wellenlänge wie ihr Kind zu erreichen, müssen sich darüber klar werden, was vor sich geht, und sich bemühen, für eine gute gemeinsame Stimmung zu sorgen.

In der Welt der Streichinstrumente gibt es eine unge-

schriebene Regel: Spielt man eine leere Saite, spielt man also Töne, ohne die Finger auf den Saiten zu platzieren, muss der Ensemble-Partner seinen Ton danach ausrichten.

So ergeht es auch Eltern im Umgang mit den starken, ungefilterten Emotionen ihres Kindes – mit Angst, Wut, Freude und Liebe. Wenn in Ihrem Kind ein Gefühlssturm tobt, müssen Sie sich so danach ausrichten, dass es für Ihr Kind Sinn ergibt. Es lähmt das Kind, seinen ungefilterten Emotionen ausgesetzt zu sein. Und es braucht in einem solchen Fall einen Erwachsenen, der wieder für Orientierung in der jeweiligen Situation sorgt.

Im gewöhnlichen Zusammenspiel zwischen Ihnen und Ihrem Kind geht es also um kleine Annäherungen, darum, sich aufeinander zuzubewegen und gegenseitig etwas zu geben und zu nehmen. Wenn Ihr Kind jedoch von über-

mächtigen Gefühlen übermannt wird, sollten Sie als Erwachsener von Ihrem Kind nicht erwarten, dass es sich noch auf Sie einstellen kann – dann müssen Sie sich darum kümmern, dass die Situation nicht eskaliert. Sie können Ihre Emotionen besser regulieren als Ihr Kind.

Im Umgang mit Ihrem Kind den richtigen Ton zu finden, ist etwas, das Sie immer wieder üben müssen – in sämtlichen Übergangssituationen, nach jeder Nacht, wenn Sie eine Zeit lang getrennt von Ihrem Kind verbracht haben oder Ihr Kind sich eine Weile allein mit eigenen Dingen beschäftigt hat. Und selbst die besten Musiker müssen sich dafür anfangs ins Zeug legen – den Ton zu treffen verlangt viel Übung, Zeit und Aufmerksamkeit.

Wenn es einem dann schließlich gelingt, ist das Musik in unseren Ohren.

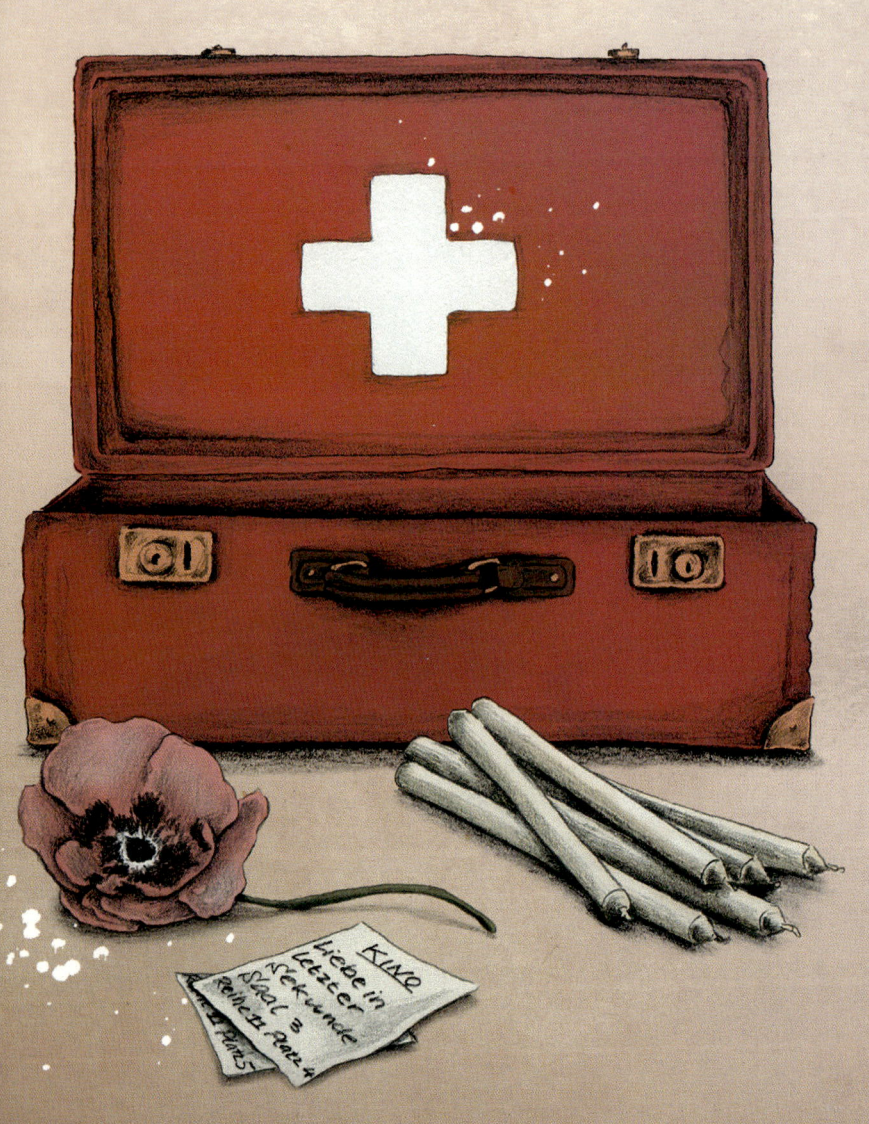

5

DIE BEZIEHUNG (UND DIE FAMILIE) RETTEN

Die meisten Menschen sind der Ansicht, Kinder seien eine Herausforderung für die Partnerschaft. Sie waren einmal Liebende, jetzt müssen sie mehr sein – eine Art Arbeitsgemeinschaft. Wer man ist, wie man miteinander redet und interagiert, all dies wird auf den Prüfstand gestellt, wenn der Alltag nun auch aus Zubettgeh-Routinen, Windelwechsel, Trainingsstunden der Kinder und Hausaufgabenbetreuung besteht. Man wird seinen Partner mit ganz neuen Augen sehen. Wenn man jedoch richtig damit umgeht, kann dieses Leben sehr erfüllend sein. Es ist nicht so, als würde das vormals vertraute Leben einfach enden, nur weil nun eine Familie aus einem geworden ist.

Wesentlich dafür ist allerdings ein gegenseitiger Austausch und ein gutes Gleichgewicht innerhalb der Familie, bei dem alle auf ihre Kosten kommen – wie auch immer sich die Familie genau zusammensetzt.

Für Kinder ist es Gold wert, wenn die Eltern etwas für ihre Beziehung tun, denn so lernen sie, was Liebe ist – und sie lernen, Teil einer Gemeinschaft, Teil eines größeren Ganzen zu sein.

Den vielen Paaren, die ich über die Jahre hinweg in meiner Praxis kennengelernt habe, habe ich eines mit auf den Weg gegeben: Es gibt ganz konkrete Möglichkeiten, die Liebe zu bewahren oder wieder zu ihr zurückzufinden.

Und das möchte ich auch Ihnen demonstrieren.

Die Vorstellung, das gewohnte Leben sei vorbei

Viele stellen sich vor, Kinder zu haben bedeute gleichzeitig, dass man keinerlei Zeit mehr für sich selbst hat. Dass man es vergessen könne, noch ins Kino zu gehen, mit Freunden ein paar Bier zu trinken, Zeit für seinen Sport zu finden oder mit dem Partner auszugehen – kurz gesagt, alles, was normalerweise den Erwachsenen in einer Familie vorbehalten ist. Das Wunder ist da, und auf einmal kreist alles nur noch um diesen einen Punkt im Universum. Man schiebt seine persönlichen Bedürfnisse beiseite und richtet den Alltag und den Urlaub ganz nach den Wünschen des Kindes aus. Denn das wäre das Naheliegendste, um Konflikte zu vermeiden. Kurzfristig betrachtet stimmt das auch. Auf lange Sicht aber ist das eine schlechte Strategie, denn davon profitieren weder die Erwachsenen noch die Kinder.

Der Nachwuchs muss die Erwachsenen auch mal über Dinge reden sehen, die nur sie betreffen, muss sie andere Geschwister trösten sehen, muss sehen, dass mal Freunde zu Besuch kommen und Aufmerksamkeit bekommen, ohne dass sich alles nur um das Kind dreht. Kinder müssen Erwachsene erleben, die für sich und ihre eigenen Bedürfnisse Sorge tragen, und sie müssen sich zu einer Gemeinschaft in Beziehung setzen, müssen Teil von etwas sein. Das lässt sie zu selbstsichereren und rücksichtsvolleren Menschen werden, und daraus lernen sie, sich mit ihrer Umwelt auseinanderzusetzen..

Die Partnerschaft zu bewahren, gehört zu meinen wichtigsten Ratschlägen an die Eltern. Auch wenn mit der Geburt eines Kindes vieles neu ist, ist die Zweierbeziehung nicht vorbei, und das Bedürfnis, vom Partner wahrgenommen zu werden, besteht weiter fort. Das muss neben dem Butterbrotschmieren, den Kinder-Fahrdiensten und all den übrigen Alltagsaufgaben weiterhin Bestand haben. Bewahren Sie sich Dinge, die nur Ihnen beiden gehören. Unternehmen Sie gemeinsame Spaziergänge, schauen Sie zusammen fern, nehmen Sie Babysitter in Anspruch. Und ziehen Sie, wie auch immer Ihre kleine oder große Familie aussieht, die erweiterte Familie mit heran. Machen Sie Gebrauch von denen, die Ihnen na-

bestehen, lassen Sie sie zu einem Teil Ihres Alltags werden. Kindern tut es gut, mehr als nur ein oder zwei Erwachsene in ihrem Umfeld zu haben, sie brauchen die Variation, die verschiedene Menschen bedeuten, müssen erkennen, dass es verschiedene Herangehensweisen gibt, Dinge zu lösen. Dann errichten Sie als Eltern Gebäude mit viel Raum und Luft. Kinder profitieren ebenso wie Erwachsene davon, Zeit für sich allein zu haben. Selbständigkeit lernen sie nur, indem sie sich erproben dürfen. In den ersten Jahren läuft das vielleicht nur auf eine Nacht oder ein paar Stunden mit einem vertrauensvollen Babysitter hinaus, werden die Kinder jedoch älter, legen sie Wert darauf, Dinge allein zu meistern. Ein Achtjähriger, der von einer Klassenfahrt wiederkommt, strotzt geradezu vor Selbstbewusstsein. Indem Sie Ihrem Kind zeigen, dass er oder sie auch ohne Sie zurechtkommt, dass sich andere Erwachsene um es kümmern und ihm helfen können, vermitteln Sie ihm ein wunderbares Gefühl der Selbständigkeit. Aber tun Sie es schrittweise und fangen Sie klein an.

Abgesehen davon sollten Kinder merken, dass Sie als Paar miteinander gut auskommen. So bekommen sie eine Vorstellung davon, was Liebe ist. Und das wiederum rüstet sie für die Zukunft, für all die Male, die sie sich verlieben, und für ihre eigenen zukünftigen Beziehungen.

Tun Sie also etwas dafür, um in der Familie ein Gleichgewicht zu schaffen, überlegen Sie, wie viel Zeit Sie als Paar miteinander verbringen und wie viel Zeit Sie jeder für sich allein haben. Setzen Sie sich zum Ziel, dass im Alltag und im Urlaub alle auf ihre Kosten kommen, und schneidern Sie nicht alles immer nur auf denjenigen zurecht, der am lautesten schreit. Denn das dient niemandem.

Den Partner neu wahrnehmen

Kinder zu haben führt dazu, seinem Partner auf eine ganz neue Weise zu begegnen. Plötzlich sieht man den ganzen Menschen mit seinem jeweiligen besonderen Hintergrund. Die Vorstellung, die Sie voneinander haben, wird facettenreicher, wenn Sie nicht mehr nur zu zweit sind und sich das Gespräch ganz automatisch Dingen zuwendet, die Ihnen aus der eigenen Kindheit und Jugend in Erinnerung kommen: wie man Fahrradfahren gelernt hat, wann man seine erste Zigarette geraucht oder seine erste große Schwärmerei erlebt hat – oder andere bedeutende und weniger bedeutende Dinge, die aus Ihrem jeweiligen Leben das gemacht haben, was es heute ist.

Vielleicht werden Sie auch Ihre eigenen Eltern in einem anderen Licht sehen, feststellen, dass es schöne und weniger schöne Momente in Ihrer Kindheit gegeben hat. So ergeht es uns allen, und Sie können sich sicher sein, dass es Ihrem Partner da ähnlich geht.

Mit anderen Worten: Eltern zu werden ist so etwas wie ein

Neubeginn in der Beziehung. Man geht eine Partnerschaft mit einem Menschen ein, den man viel besser kennenlernt, doch es erwarten einen auch einige Herausforderungen: Sie werden beide auch negative Verhaltensmuster mitbringen, werden bisweilen frustriert sein, so wenig Zeit für sich und den anderen zu haben, werden sich streiten und früher oder später wunde Punkte des anderen treffen. Das kann wehtun und sogar zu unlösbaren Konflikten führen. Der schmerzliche Refrain, der mir so oft in meiner Praxis entgegenschallt, ist dieser: Auseinandersetzungen darüber, wie man die Kinder ausschimpft, ob sie in ihrem eigenen Bett schlafen sollten oder nicht, wie nahe man dem Kind sein soll und was man ihm beibringt. Es kann sich um Nebensächlichkeiten handeln, die aber schnell zu einem emotionalen Thema werden, weil es darum geht, wer wir als Menschen in unserem tiefsten Inneren sind.

Ist man besonders erschöpft, vergisst man noch dazu leicht, was der Partner alles leistet. Die kleinen alltäglichen Auseinandersetzungen im Laufe der Zeit zu lösen, lohnt sich aber. Gelegentlich miteinander zu streiten, ist dabei völlig normal. Eine gelöste Auseinandersetzung ist keine Bedrohung der Partnerschaft mehr. Schweigen dagegen schon.

Schweigen macht selbst der schönsten Liebe den Garaus.

Während ich das hier so schreibe, kommt mir ein Ehepaar in den Sinn, das mich seit einigen Jahren aufsucht. Beide sind gutaussehend und gebildet, dass ein Paar aus ihnen wurde, lässt sich gut nachvollziehen – aber sie sind auch grundverschieden. Während sie ein Bedürfnis nach Struktur und Ordnung hat, will er den Kindern vor dem Hintergrund seiner eigenen Kindheit möglichst viel Freiraum geben. Beide Partner haben schwer damit zu kämpfen, in dieser Hinsicht so gegensätzlich zu sein, und haben das Gefühl, ihre Eigenarten seien so tief in ihnen verwurzelt, dass es keinen Weg zurück mehr gebe. So etwas mit anzusehen, ist schmerzlich, denn die Kinder des Paares profitieren durchaus von den Unterschieden: von der Perspektive der Mutter, die über alles den Überblick behält, und der Emotionalität des Vaters. Im Grunde genommen ist dieses Paar ein gutes Team. Sie dazu zu bewegen, das zu erkennen, sich die Stärken des anderen ganz neu bewusst zu machen und den Partner wieder richtig wahrzunehmen, bleibt meine Aufgabe, die mir hoffentlich gelingt.

Die meisten Menschen haben verschiedene blinde Flecken, und auch die Gründe dafür sind verschieden. Es ist eine feine Sache, wenn es uns gelingt, sie zu erkennen und uns gegenseitig zu ergänzen. Das ist weitaus besser als zwei Elternteile, die sich komplett ähneln – aber es geht auch darum, einander nicht aus dem Blick zu verlieren.

Es erwarten einen zweifelsohne Probleme, doch wenn man sie bewältigt, hat man viel gewonnen: Ein harmonisches Familienleben ist ein gutes Umfeld für Kinder, um darin groß zu werden, ein Ort, an dem sie lernen, was Hoffnung und Optimismus sind.

So verbessern Sie Ihre Beziehung

Die meisten Paare, die in meine Praxis kommen, geben an, sie bräuchten Hilfe, um besser miteinander zu kommunizieren. Dabei ist die Ursache für ihre Probleme häufig gar nicht, wie sie miteinander kommunizieren, sondern besteht vielmehr darin, dass sie überhaupt nicht mehr miteinander kommunizieren. Vielleicht hat das etwas damit zu tun, den anderen nicht verletzen zu wollen, oder zu glauben, nicht zu ihm durchzudringen, oder es liegt ganz einfach daran, dass ihnen die Zeit dafür fehlt. Nichtsdestotrotz

HABEN KINDER ERWACHSENE MIT EINEM AUS-GEGLICHENEN ERWACHSENENLEBEN ZUM VOR-BILD, WOLLEN SIE SELBST GERN ERWACHSEN WERDEN. SIE UND IHR PARTNER HABEN ALSO ALLEN GRUND, EINE GLÜCKLICHE BEZIEHUNG ZU FÜHREN – SO GEBEN SIE IHREN KINDERN ALL DAS MIT, WAS SIE BRAUCHEN.

müssen sie wieder miteinander ins Gespräch kommen. Verlassen sie am Ende der Paartherapie zufrieden meine Praxis, habe ich ihnen nicht wirklich etwas anderes beigebracht, als dass man über alles reden kann – solange beide sich die Zeit zugestehen, den anderen ausreden zu lassen.

Bei Therapieende gebe ich manchen Paaren eine Liste mit, mit deren Hilfe sie sich wieder bewusst machen können, welche Vorteile es hatte, miteinander zu reden. Eine stabile dauerhafte Liebesbeziehung ist durch Gemeinsamkeiten gekennzeichnet, und sie lebt davon, wie wir miteinander umgehen. Vielleicht können Ihnen die Punkte auf meiner Liste ja auch ein paar neue Denkanstöße geben.

1. Mit dem Unerwarteten klarkommen. In einer Partnerschaft kann plötzlich etwas zutage treten. Ein altes Geheimnis oder finanzielle Probleme kommen ans Licht oder eine Krankheit tritt auf. Vielleicht haben Sie solche Krisen schon durchmachen müssen, Verständnis dafür aufbringen und vergeben müssen. Rufen Sie sich so ein Ereignis, das Sie gemeinsam durchgestanden haben, wieder in Erinnerung und machen Sie sich klar, welchen Einfluss das auf Ihre Beziehung hatte.

2. Zeit füreinander – und das sofort. Kündigt einer der Partner die Partnerschaft auf, ist dies meistens das Ergebnis eines lange zuvor gereiften Entschlusses. Sie sollten sich deshalb sofort die Zeit nehmen, um sich wieder Ihrem Partner zuzuwenden – nicht erst, wenn Sie ein Vorhaben beendet haben, die Kinder älter sind und das Haus fertig abbezahlt. Hat die Partnerschaft schon zu lange und zu viel gelitten, ist es zu spät. Lassen Sie sich etwas Sinnvolles und Unkompliziertes einfallen, das Sie gleich heute mit Ihrem Partner teilen können.

3. Vergeben, was sich vergeben lässt. Es ist eine unausweichliche Wahrheit, dass man sich in einer Partnerschaft gegenseitig verletzt. Und etwas Verletzendes zu vergeben, braucht Zeit. So gehen Sie vor:

1) Bestreiten Sie Vorgefallenes nicht, decken Sie es auf.
2) Überlegen Sie, wie Sie Ihrem Partner vergeben wollen.
3) Versuchen Sie, Verständnis für den Partner aufzubringen, sprechen Sie mit ihm darüber, was hinter dem verletzenden Vorfall stand.
4) Blicken Sie hinter das Geschehene. Versuchen Sie herauszufinden, was Sie beide daraus gelernt haben. Beschreiben Sie ein Ereignis, bei dem Sie Ihrem Partner vergeben haben, oder er Ihnen, und was Sie daraus gelernt haben.

4. Mal etwas ohne den Partner unternehmen. Ihr Partner kann nicht all Ihre Wünsche und Bedürfnisse befriedigen, und das muss er auch gar nicht. Die gegenseitige Ergänzung lässt eine funktionierende Partnerschaft entstehen. Statt sich über Ihren Partner zu ärgern oder eigene Interessen aufzugeben, überlegen Sie, was Sie vermissen (zum Beispiel Theaterbesuche, Paddeln, Poker spielen), und suchen Sie sich Freunde, mit denen Sie diesen Interessen gemeinsam nachgehen können.

5. Dankbar sein. Das Gefühl der Dankbarkeit hält die wahre Liebe am Leben. Überlegen Sie, was Sie an Ihrem Partner schätzen – dass sie hart arbeitet, um alle zu versorgen, und wie er abends liebevoll die Kinder zudeckt. Erstellen Sie selbst eine Liste, und wenn Ihr Partner das nächste Mal etwas von den darauf stehenden Punkten tut, schenken Sie ihm oder ihr ein liebevolles Lächeln, das ihm oder ihr zeigt, wie viel Ihnen das bedeutet.

«Warum wirst du immer gleich so wütend?»

Der Mann meines Lebens und ich kommen aus ziemlich verschiedenen Welten. In der Regel ist das eine große Stärke, das macht es gewissermaßen einfacher, den anderen wahrzunehmen, aber es kommt auch schon mal zu Situationen zwischen uns, in denen die Unterschiede sehr stark zutage treten. Als unser Sohn gerade zwei Jahre alt war, lernte er das Wort «Nein» und gebrauchte es so oft, wie es ging. Manchmal nervte das meinen Mann enorm, gelegentlich reagierte er sehr aufgebracht. Jedes Kind empfindet es geradezu als einen Triumph, Nein zu sagen, zu begreifen, dass man über sich und seinen Körper selbst bestimmen kann. Ich versuchte meinem Liebsten zu erklären, dass es nicht so klug sei, sich aufzuregen, dass sich dieses Verhalten von selbst wieder geben würde, doch das stieß nicht auf offene Ohren. Die Zeit verging, und mein Mann benahm sich selbst zunehmend wie ein Kleinkind. Eines Abends hörte ich, wie sich die beiden im Badezimmer beim Zähneputzen unterhielten. Es war schon etwas spät geworden, und mein Mann wurde wieder mal zu laut. «Warum wirst du immer gleich so wütend?», fragte mein Sohn. «Bin ich das?», erwiderte mein Mann, und der kleine Junge bekräftigte es, denn er erklärte, dass er schon geplant habe, auszuziehen. Obwohl ich das Gespräch mitbekam, hielt ich mich im Hintergrund.

Später am Abend kam mein Mann zu mir und sagte: «Ich glaube, ich habe unserem Sohn geschadet.» Ich sagte ihm, dass einem Kind, das in der Lage sei, Dinge derart beim Namen zu nennen, keineswegs großer Schaden zugefügt worden sein könne, es aber Sinn machen würde, dem Kind zuzuhören. Das tat mein Mann, und dadurch war das Verhältnis der beiden weitaus weniger konfliktbeladen.

Kinder zu haben bedeutet, sich in Geduld zu üben. Sie können einen leicht reizen, und als Partner kann man da ziemlich machtlos sein, und dann macht man alles noch viel schlimmer. Es bietet sich daher gelegentlich an, den Partner darauf hinzuweisen, was man von einem kleinen Kind erwarten kann und was nicht, und weshalb man sich als Erwachsener so verärgern lässt. Wenn es Ihnen gelingt, kleine Saatkörner zu säen und einander dazu zu bewegen, die Situationen aus einer anderen Perspektive zu betrachten, werden Sie sich gegenseitig stärken und leichter gemeinsam auf Ihr Kind eingehen können.

Ein Elternteil kann nicht über den anderen bestimmen. Die Mutter hat nicht immer recht, und der Vater auch nicht. Indem man einander zuhört, sich Verständnis entgegenbringt und alle Probleme miteinander bespricht, wird aus einem ein gutes Team.

Die Entscheidung, zu gehen

Viele haben mit der Zeit das Gefühl, sie hätten mit dem falschen Partner Kinder bekommen. Wenn Sie sich gegenseitig nicht guttun und Sie keine Möglichkeit mehr sehen, zusammen weiterzumachen, sind Sie nicht die Ersten, die einen dramatischen Entschluss zu fassen haben.

Mit Kindern im Haus ist der Bruch einer Beziehung immer eine Entscheidung mit weitreichenden Konsequenzen. Eine gut funktionierende Familie, selbst wenn sie klein ist, ist für ein Kind immer besser als zwei Elternteile, die nicht miteinander auskommen. Ist Ihr Mann oder Ihre Frau der Partner Ihres Lebens, sollten Sie alles daransetzen, an einer guten Beziehung zu arbeiten, wenn Sie sehen, dass es Hoffnung für Sie beide gibt. Trifft das nicht zu, sollten Sie versuchen, zumindest eine Freundschaft aufrechtzuerhalten, die Ihren Kindern weiterhin Halt gibt, auch wenn die Familie auseinanderbricht und sich verändert.

SO STÄRKEN SIE DAS SELBST-VERTRAUEN IHRES KINDES SCHRITT FÜR SCHRITT

Kinder brauchen Lob – das ist einer der einfachsten Grundsätze des Lebens. Sollen sie etwas schaffen, das ihnen zunächst unmöglich erscheint, und nicht gleich die Flinte ins Korn werfen, sind Belohnungen das einzig richtige Instrumentarium. Kritik und Bestrafungen können in begrenztem Umfang helfen, jedoch nur, wenn sie richtig dosiert werden. Zu belohnen ist immer wirkungsvoller als zu bestrafen.

Meiner Ansicht nach kann man in allen Lebenslagen mehr Lob aussprechen, als man es für angemessen hält.

Aber: Tun Sie es, ohne es ehrlich zu meinen, werden ältere Kinder Sie durchschauen. Mit der Einschulung kann es sich lohnen, überlegter vorzugehen und darauf zu achten, wann und wie man lobt. Ihre Kinder müssen sich auf das, was Sie sagen, verlassen können. Bis zu einem Alter von sechs Jahren dagegen kommen Sie weit damit, einfach präsent zu sein und den Kindern positive Aufmerksamkeit zu schenken.

Gleichzeitig hängt der Erfolg jeglichen Lobes davon ab, dass man das Handy oder den Computer beiseitelegt und be-

merkt, was das Kind tut. Das muss nicht ständig so sein – Kinder profitieren davon, auch mal Sachen zu machen, ohne dass man ihnen dabei ständig über die Schulter blickt. Aber vielleicht können Sie versuchen, Ihr Kind so gut wahrzunehmen, dass Sie ihm wenigstens einmal pro Tag ein sinnvolles Lob aussprechen und ihm Ihre volle Aufmerksamkeit widmen können?

Darüber hinaus gibt es solches und solches Lob. Das beste Lob baut die Kinder von innen heraus auf und hilft dabei, dass aus ihnen selbstbewusste und optimistische kleine Menschen werden. Diese einfachen Techniken können eine große Hilfe sein:

1. Finden Sie heraus, was Ihr Kind gut kann, und äußern Sie Anerkennung! Sprechen Sie nie ein Lob für etwas aus, das noch nicht beherrscht wird, sondern finden Sie lieber heraus, wozu das Kind wirklich selbständig in der Lage ist und was es bestärkt. Kleine Kinder brauchen vor allem ein Lächeln und bekräftigende Aussagen wie: «Super, dass du dir allein die Jacke angezogen hast!»

Hat Ihr Kind beispielsweise etwas gemalt oder etwas gebastelt, dann zeigen Sie aus ganzem Herzen, dass Sie Ihr Kind wertschätzen und sich über das Selbstgemachte freuen. Vermeiden Sie jedoch eine Bewertung – Ihr Kind möchte beachtet, nicht bewertet werden. Positive Aufmerksamkeit ist für lange Zeit die wichtigste Form des Lobes, die Sie spenden können. Wenn das Kind schließlich irgendwann schwimmen, Fahrrad fahren, ein Instrument spielen oder etwas ganz anderes lernen soll – dann äußern Sie Begeisterung und geben Sie konkrete Rückmeldungen über die richtige Herangehensweise oder hilfreiche Techniken. Dinge, die Ihr Kind

falsch macht, sollten Sie auf gelassene und behutsame Weise korrigieren und ihm zeigen, wie man es richtig macht, oder es erst einmal auf sich beruhen lassen.

Bei aller Kompetenzentwicklung geht es vor allem darum, dass die Erwachsenen dem Vorhaben Begeisterung zollen – und dem Kind gleichzeitig ausreichende Anweisungen erteilen, damit es daraus lernt.

2. Sprechen Sie ein indirektes Lob aus, das ist immer am wirkungsvollsten: «Wie hast du denn das gemacht? Wow!» Neugier zu zeigen und Überraschung zu äußern sind effektive Anreize, um das Kind selbst über Geschehnisse berichten zu lassen. Wenn Ihre Kinder schon ein paar Schuljahre weiter sind, sollten sie von sich aus die Sprache auf das bringen dürfen, was sie erfolgreich gemeistert haben, und Sie sollten es nicht von sich aus kommentieren.

3. Bemerken Sie Erfolge und weisen Sie darauf hin. «Hier hat sich etwas getan!»

4. Machen Sie Ihrem Kind Mut, wenn nötig. In einigen Entwicklungsphasen geht es stockender voran, dann sollten Eltern das Kind dazu ermuntern, etwas noch mal zu probieren und nicht gleich aufzugeben.

5. Die Ressourcen aufspüren!

Haben Sie ermittelt, was Ihr Kind gut beherrscht, dann kommen Sie allmählich den Ressourcen auf die Spur. Diese Eigenschaften sind die Bausteine für weiteren Erfolg. Konzentrieren Sie sich jedoch zu sehr auf die Probleme, gehen Ihnen die Bausteine verloren.

6

GRENZEN UND KONSEQUENZEN

Wir setzen Kindern im Alltag unzählige Grenzen, etwas, das uns häufig gar nicht bewusst ist. Lange sind Sie es, die über die Mahlzeiten, die Zubettgehzeit, die Auswahl der Schule oder über die Sicherheit der Kinder im Auto bestimmen. Kinder brauchen Grenzen und Strukturen. Sie brauchen Hilfe bei der Entscheidung, was richtig und falsch ist, und brauchen Sie als Eltern auch, um einen für sie gut funktionierenden Alltag zu gestalten. Gleichzeitig sollten die Grenzen so viel Spielraum bieten, dass sie bei Bedarf abgewandelt und an Veränderungen angepasst werden können.

Wenn das Kind nicht tut, was man sich von ihm erhofft hat, verzweifelt man leicht oder macht sich Sorgen. Ich bin jetzt seit 20 Jahren Therapeutin und habe bis heute niemanden kennengelernt, der nicht irgendwann die Art und Weise der Ansprache oder des Umgangs mit seinen Kindern bereut hat und sich eingestehen musste: «Das habe ich nicht gut gemacht.» Mich selbst eingeschlossen.

Für viele ist das Setzen von Grenzen eine schwere Aufgabe. Eltern sind sich unsicher, wann und wie sie «Nein» sagen sollen. Manche wissen nicht, ob sie es zu häufig tun, andere fragen sich, ob sie es häufig genug tun.

Kinder müssen einen Zusammenhang herstellen können zwischen dem, was sie tun, und den daraus resultierenden Folgen. Wie Sie ihnen das beibringen bestimmt Ihre lebenslange Beziehung. Ich bin der Meinung, die Kunst der Grenzziehung liegt darin, wie klar und deutlich Sie als Eltern sein können, ohne Ihre Macht auszuspielen oder die Integrität des Kindes zu verletzen.

Eltern, die Angst davor haben, Grenzen zu setzen, die sich unklar äußern und den Kindern das Ruder überlassen, werden scheitern.

Wie heftig darf man reagieren?

Häufig fragen mich Mütter oder Väter, wie heftig sie reagieren dürfen. Dann erwidere ich immer, dass man eine Grenze überschritten hat, wenn man durch das, was man tut oder sagt, mehr Macht als nötig ausübt. Wenn Sie so geschimpft haben, dass das Kind darunter leidet, oder Sie es so stark gepackt haben, dass es Angst kriegt.

Wir Eltern bestrafen unsere Kinder in weitaus höherem Maß, als wir selbst ahnen. Wir werden grob, reagieren verärgert und laut, und viele begeben sich auf eine Ebene, die vom Kind als einschüchternd aufgefasst wird. *Das* aber ist für Ihr Kind nicht hilfreich. Wenn wir Kinder für unbedeutende Kleinigkeiten bestrafen, ist das selten eine Reaktion auf die Handlung an sich, sie war nur der Tropfen, der das Fass für *Sie* zum Überlaufen gebracht hat, und *Sie* sind es, der sich nun unangemessen verhält.

Zu viel Machtausübung wird der Bindung zwischen Ihnen und Ihrem Kind Schaden zufügen – bis am Ende das Band zwischen Ihnen zerreißt. Das zu verhindern, obliegt Ihrer Verantwortung.

Sie sollten sich immer so nahe bleiben, dass Ihr Kind mit seinem Anliegen zu Ihnen kommt und es auf Sie vertraut.

Unreflektierte Eltern werden nach einer Grenzüberschreitung zu sich selbst sagen: «Es ging nicht anders» oder «Das müssen sie abkönnen». Ein verantwortungsvoller Vater oder eine gute Mutter hingegen werden denken: «Das war nicht gut, ich muss darauf achtgeben, dass es nicht wieder geschieht.»

Alle Eltern wünschen sich, dass ihre Kinder sich später einmal mit ihren Sorgen an sie wenden, wenn sie etwas Unerfreuliches erleben. Man möchte ein Kind haben, das einem darüber berichtet, wenn etwas nicht stimmt. Diese Chance aber haben Sie nur, wenn Sie als eine Vertrauensperson gesehen werden, die das Kind nicht verurteilt. Ihre wichtigste Aufgabe als Eltern ist es, den Kontakt zum Kind aufrechtzuerhalten, die Bindung zu ihm zu bewahren. Kinder, die fürchten, ihre Eltern zu enttäuschen, die fürchten, nicht gut genug zu sein, die mit einem starren Regelkanon aufwachsen, statt elterliche Zuwendung zu erfahren, werden nicht zu Ihnen kommen, wenn etwas nicht stimmt. Ich habe viele Kinder, die auf meiner Couch gesessen haben, sagen hören, dass ein Gespräch mit ihren Eltern nutzlos wäre. Diese hätten ja doch keine Ahnung. Viel zu viele Kinder sind davon überzeugt, dass ihre Eltern nicht verstehen, was sie bewegt.

Wie heftig also darf man reagieren? Nun, so heftig, dass Sie immer noch Sie selbst bleiben und das Kind nicht verschrecken, und dass Sie die Bindung zwischen sich und dem Kind nicht aufs Spiel setzen. Sie können durchaus eine Gewohnheit daraus machen, die Reaktion Ihres Kindes genau zu beobachten, dann werden Sie ihm ansehen, was es fühlt. Kinder geben einem laufend Informationen darüber, wie es ihnen geht. Schwierig wird es, wenn Erwachsene meinen, sie könnten sich diesen Schritt sparen. Behalten Sie die Reaktionen Ihres Kindes dagegen aufmerksam im Blick, dann finden Sie das richtige Maß.

Manche Kinder reagieren seltsam, wenn sie sich fürchten. Mein Sohn zum Beispiel verzieht bei Situationen, die ihm Angst machen, den Mund zu einem Lächeln. Das weiß ich, weil ich ihn gut kenne, und es ist meine Pflicht – so wie es die Pflicht aller Eltern ist –, mein Kind so gut zu kennen, dass ich solche Kleinigkeiten über es weiß. Ich hatte Zehnjährige in meiner Praxis, die für respektlos gehalten wurden, da sie anfingen zu grinsen, wenn sie von ihrem Lehrer ausgeschimpft wurden, oder ihre Eltern ignorierten, wenn diese böse auf sie waren. Erwachsene glauben dann leicht, dass die Kinder den Ernst der Lage nicht begreifen würden, aber in Wahrheit sind sie innerlich vor Schreck erstarrt. Vielleicht versuchen sie durch solche Reaktionen nur ihr Gesicht zu wahren oder ihre Emotionen, so gut es ihnen möglich ist, zum Ausdruck zu bringen? Kinder brauchen das Gefühl, dass wir wissen, was in ihnen vorgeht, und dass wir unsere Reaktionsstärke danach ausrichten.

Angst lähmt

Wenn wir Menschen in furchteinflößende Situationen geraten, sind wir von Natur aus darauf programmiert, emotional und nicht rational zu reagieren. Deshalb treten wir bei Angst manchmal auch einfach panisch und gedankenlos die Flucht an. In solchen Momenten ist der Verstand für einen nicht zugänglich, der Kopf ist wie leergefegt. Bei Kindern ist das noch stärker ausgeprägt. Fürchten sie sich, dringen Worte nicht mehr zu ihnen durch. Sie sind ihren Gefühlen ausgeliefert. Und deshalb bringt es auch nichts, zu schimpfen. Das schaltet den Verstand aus und lässt nur ein übermächtiges Gefühl zurück: die Angst.

Wie wichtig ist Konsequenz?

Ich bin mehrmals Eltern begegnet, die eine schroffe Reaktion ihrerseits mit der Aussage «Es ist wichtig, konsequent zu sein» rechtfertigten. Wenn das eigene Kind A tue, müsse man mit B antworten. Das sei so etwas wie ein ehernes Gesetz, meinen sie, nur so würde das Kind eine Lehre daraus ziehen. Eltern sind manchmal so davon vereinnahmt, Grenzen zu setzen, dass sie ganz aus den Augen verlieren, welche Auswirkungen das hat. Solange sie eine Grenze gesetzt haben, die sich nicht ohne weiteres überschreiten lässt, können sie sich auf die Schultern klopfen. Dann sind sie *konsequent.*

Ich dagegen glaube nicht, dass es zu einer gesunden Erziehung gehört, dass das Kind jedes Mal, wenn es unserer Ansicht nach etwas verkehrt macht, dieselbe Zurechtweisung erfährt. Viel wichtiger ist, dass es eine Rückmeldung bekommt, mit der es etwas anfangen kann, und dass wir Eltern seine Emotionen einfangen und ihm Verständnis entgegenbringen können. Das bedeutet keineswegs, dass Kinder tun und lassen dürfen, was sie wollen – die Erwachsenen tragen immer Verantwortung dafür, den Kindern beim Bewältigen von schwierigen Situationen zu helfen –, aber man verliert leicht die jeweilige Situation aus dem Blick und bestraft nur um des Bestrafens willen. Wer A sagt, muss auch B sagen. Wenn mir Eltern einen Vorfall schildern, bei dem sie konsequent sein mussten, hört sich das für mich oft so an, als

wollten sie mit einer Grenzüberschreitung ein Handeln recht-
fertigen, bei dem ihnen selbst nicht ganz wohl ist.

Ich glaube, beim Konsequent-Sein sollte der Fokus auf etwas
ganz anderem liegen. Wenn das Kind zum x-ten Mal das Essen
auf dem Tisch verteilt, sich nicht aufzuregen, sondern gelassen zu
bemerken: «Na, mein Freund, ist mal wieder etwas danebenge-
gangen? Das wischen wir mal schnell auf!»

Das wäre eine sinnvolle Konsequenz.

Wann sollten wir Nein sagen?

Kinder brauchen Grenzen. Ihnen als Erwachsenen kommt es zu,
Nein zu sagen, denn Sie sind die Anführer in Ihrer Gemeinschaft.
Kinder sind ganz und gar auf Sie angewiesen, da sie die Folgen
ihrer Handlungen noch nicht abschätzen können. Das gilt sowohl
für einen Dreijährigen, der im Schwimmbecken ins Tiefe stolziert,
als auch für einen Zehnjährigen, der allein auf eine Hüttenwan-
derung gehen möchte. Sie möchten Dinge tun, die gefährlich für
sie sind, und so sind Sie als Eltern manchmal ganz einfach dazu
gezwungen, ein Nein auszusprechen.

An mir selbst merke ich regelmäßig, dass mir das Neinsagen
umso schwerer fällt, je gestresster ich bin. Andere wiederum sagen
Nein, weil sie peinlich genau darauf bedacht sind, dass Kinder
nicht zu viel Raum einnehmen. Beides ist verkehrt. Es geht hier
darum, zwischen zwei Extremen im Gleichgewicht zu bleiben:

Gebrauchen Sie zu oft ein Nein, werden Ihre Kinder passiv, entwickeln wenig Eigenantrieb oder sie hören nicht mehr auf Sie, weil Sie Ihre Autorität zu oft ausgespielt haben. Zu viel Nein zu sagen ist genauso schlecht wie ständig Ja zu sagen. Soll ein Nein in der Kindererziehung wirken, muss es gut begründet sein, und es sollte im Dialog mit dem Kind erfolgen, sonst hat es am Ende keine Lust mehr, sich überhaupt noch an Sie zu wenden.

Sagen Sie dagegen zu selten Nein, bleiben Ihre Kinder allein und orientierungslos zurück. Dann schaffen Sie eine Kindheit ohne jede Orientierung, in der den Kindern die Macht überlassen wird. Und davon profitieren sie ebenso wenig.

Sagen Sie Nein, vergegenwärtigen Sie sich immer, dass dies für Kinder ein bedeutsames Wort ist. Kinder müssen lernen, es selbst auszusprechen, und Sie sind es, die ihnen das beibringen. Äußern Sie also klar und deutlich und ohne schlechtes Gewissen, dass nun mal nicht alles geht oder nicht alles erlaubt ist. So ist es eben! Sie müssen dazu stehen und das Geheule aushalten, die Diskussion oder das Missfallen. Das geht vorüber, und Sie können die Situation auch mit einem Hinweis auf die aufgewendete Zeit beenden: «Wir haben das jetzt lange genug besprochen.» Dass das Kind sein Verhalten beendet, liegt bei Ihnen, auch dafür sind Sie verantwortlich. Aber vergessen Sie nie, dass das Nein von einem Menschen, den man am meisten auf der Welt liebt, eine große Enttäuschung bedeutet. Sagen Sie dem Kind also, dass Sie Verständnis dafür haben, dass es das blöd findet, es aber notwendig ist.

SO SAGT MAN «NEIN»:

★ Sagen Sie nur Nein, wenn Sie wirklich Nein meinen.

★ Sagen Sie so behutsam wie möglich Nein.

★ Passen Sie die Erklärung dem Entwicklungsstand des Kindes an.

★ Zeigen Sie Verständnis für die Enttäuschung des Kindes.

★ Lassen Sie eine Reaktion zu, aber sorgen Sie dafür, diese rasch wieder abzuschließen.

★ Beenden Sie die Diskussion.

★ Üben Sie keine körperliche Gewalt aus.

★ Vermeiden Sie Kränkungen.

Manchmal reicht es schon, das Kind zu etwas anderem anzuregen statt Verbote auszusprechen: «Sollen wir nicht lieber mit den Süßigkeiten warten?» Ist es nötig, dass Sie deutlicher werden, gehen Sie dazu über, ein klareres, entschiedenes Nein zu äußern, jedoch ohne die Stimme zu erheben oder es durch körperliches Eingreifen zu unterstreichen. Das sollten Sie nur im Notfall tun, wenn das Kind beispielsweise drauf und dran ist, auf eine befahrene Straße zu rennen.

Nein zu sagen, ist ein ständiger Wechsel zwischen dem Gebrauch von Gefühl und Verstand. In den ersten 18 Lebensmonaten Ihres Kindes müssen Sie sich nicht darum kümmern, Grenzen zu setzen, da können Sie ganz auf Ihr Herz hören und dem Kind so viel Liebe, Geborgenheit und Verständnis entgegenbringen, wie es Ihnen nur möglich ist. Danach wird das Elternsein schwerer. Je älter die Kinder werden, umso mehr müssen Sie Ihrem Verstand folgen. Sie müssen immer häufiger zu einem Nein greifen, und es ist von großer Wichtigkeit, auf welche Weise Sie es äußern.

Bei alldem sollte man aber nie vergessen, es liebevoll zu tun.

Was bringen Strafen?

Nach mehreren Jahrzehnten der Forschung wissen wir heute, dass Strafen in der Kindererziehung nichts bringen. Sie sind im Gegenteil der schlimmste Feind eines gesunden Selbstgefühls. Sie erschüttern die Grundfesten des Kindes.

Wir vergessen leicht, als wie hart Bestrafungen empfunden werden – sowohl verbale als auch physische bis hin zu Gewalt.

Strafen wirken nur auf eine Weise – sie führen kurzfristig zu einer Verhaltensänderung des Kindes, aber anders, als wir denken: Das Kind wird eingeschüchtert oder fühlt sich allein. Eine Reihe von Erwachsenen meint, dass es etwas bewirken könnte, Kinder in ein Zimmer einzusperren, sie festzuhalten, sie anzuschreien oder sie gar zu schlagen. Das Kind wird sich womöglich am nächsten Tag besser benehmen, aber wenn Sie glauben, damit etwas Kluges getan zu haben, machen Sie sich selbst etwas vor. Auf lange Sicht ist dieses Vorgehen zerstörerisch.

Bestrafen Sie Ihr Kind, wird es im späteren Leben Schwierigkeiten haben, selbständig zu werden. Kinder, die Strafen Erwachsener ausgesetzt sind, werden später ein gestörtes Selbstwertgefühl, Probleme mit ihrer Identitätsfindung und ihrer Erwachsenenrolle haben und die Welt am Ende als einen bedrohlichen Ort betrachten. Strafen sind entsetzlich zerstörerisch – das auf Anhieb zu erkennen, ist bloß nicht ganz so einfach.

Strafen ruinieren die gute Beziehung zwischen Ihnen und Ihrem Kind. Sie reißen das Band zwischen Ihnen entzwei.

Kinder wollen kooperieren

Ich habe eine Freundin, die mich schon lange kennt. Sie weiß, wie ich über Erziehung denke, und beschwerte sich über ihre Tochter im Teenageralter, die unausstehlich sei und zu Hause allen die Stimmung vermiesen würde. «Du musst mir doch zustimmen, dass das Konsequenzen haben muss», sagte sie. «Ich muss sie doch wohl mal dafür zur Rechenschaft ziehen dürfen?»

Ich erwiderte, dass ein Teenager mit heftigen Stimmungsschwankungen sehr gut weiß, dass mit ihm etwas nicht stimmt.

Vielleicht brauchte sie ja gar keine Zurechtweisung, sondern nur die Möglichkeit, darüber zu reden? Ich bat meine Freundin, doch zu versuchen, mit ihrer Tochter darüber ins Gespräch zu kommen, was in ihr vorgeht, was sie empfindet und was ihr helfen würde, sich besser zu fühlen. In der Zwischenzeit müsste der Rest der Familie sich eben mit dem hormongesteuerten Teenager arrangieren. «Du solltest auf keinen Fall den Kontakt zu ihr abbrechen», empfahl ich meiner Freundin. «Schimpf sie nicht für Dinge aus, für die sie nichts kann, sondern bewahre einen kühlen Kopf, bleib gelassen. Setz nicht die Beziehung zwischen euch aufs Spiel.»

Als ich vor ein paar Jahren an einer Oberschule einen Vortrag über dieses Thema gehalten habe, meldete sich ein Vater zu Wort, der fragte, ob ich wirklich der Meinung sei, die Erwachsenen müssten sich immer nach dem Kind richten. Kinder richten sich nach Geschwistern, Freunden, Babysittern und Eltern – sie wollen kooperieren, möchten, dass eine gute Stimmung herrscht, wollen im Grunde genommen, dass alle zufrieden sind. Man glaubt leicht, dass es nur wir Erwachsenen sind, die sich ständig darum bemühen, aber so ist das nicht. Probleme entstehen erst dann, wenn Kinder keine Kooperation zustande bringen – dann müssen wir Erwachsenen die Situation lösen. Gibt es Schwierigkeiten, sind es wir, die Erwachsenen, die nach einem Ausweg suchen müssen, der das Kind mit einschließt. Diesen Part kann es nicht allein bewältigen. Je nach Alter des Kindes werden andere Dinge als schwierig empfunden, doch die gesamte Kindheit ist voller Hürden und Klippen, die die Erwachsenen ernst nehmen und für die sie Lösungen suchen müssen.

Als ich den Eltern der Oberschule etwas darüber erzählt hatte, fragte mich der Vater leicht resigniert: «Aber es muss doch ein Alter geben, in dem man von dem Kind erwarten kann, den Unterschied zwischen Richtig und Falsch zu kennen?» Ich konnte seine Frage nachvollziehen, und kenne selbst die Frustration, die dahintersteckt. Die Antwort darauf aber lautet, dass Kinder erst schrittweise die notwendige mentale Reife entwickeln, um größere Zusammenhänge zwischen ihrem Verhalten und der Reaktion anderer darauf erkennen zu können. Man sollte gleichzeitig auch nicht vergessen, wie häufig wir Erwachsenen Fehler machen. Es kommt vor, dass wir von unseren Kindern mehr erwarten als von unseren Freunden. Wenn sich das Kind allein anziehen kann, sollten Sie es das tun lassen. Wenn Ihr Kind die Uhr lesen kann, können Sie damit aufhören, es daran zu erinnern, wann es los muss. Schauen Sie hin, was Ihr Kind tut, achten Sie auf seine Entwicklungsschritte und passen Sie Ihre Erwartungen dementsprechend an. Aber dass etwas fehlerfrei vor sich geht, sollten Sie nicht erwarten. Alle machen ab und zu Fehler – auch Kinder.

Den Umgang mit seinen Gefühlen zu lernen, gehört mit zum Schwersten überhaupt. Mit Wut umgehen zu lernen, dauert dabei besonders lange, im Grunde die gesamte Kindheit. Für ein Kind ist es am schmerzlichsten, wenn wir von ihm Dinge erwarten, die es noch nicht imstande ist zu leisten. Wenn wir zum Beispiel von einer Zehnjährigen verlangen, sie dürfe nicht aufgebracht reagieren, wenn etwas nicht nach ihren Vorstellungen läuft. Oder wenn der Gleichgewichtssinn eines Zweijährigen noch nicht so gut ausgereift ist, dass er sich schon allein seine Stiefel anziehen kann. Sie wollen es gerne richtig machen, können es aber nicht – noch nicht.

Müssen Eltern sich immer einig sein?

Viele glauben, Eltern müssten sich in der Kindererziehung immer einig sein – sie müssten also ein starkes «Wir» sein. Kinder profitieren natürlich von einem harmonischen Miteinander der Eltern, von Eltern, die sich lieben und Dinge gemeinsam bereden – aber Eltern müssen keineswegs wie eine massive Front auftreten. Eltern sind verschieden, sie sind nun mal auch nur Menschen, und das zu sehen, ist für Kinder lehrreich. Die Hauptsache ist für ein Kind, dass die Erwachsenen berechenbar sind – das gibt ihnen Halt. Kinder müssen die Gewissheit haben, dass ihre Mutter «so ist» und dass ihr Vater «so ist». Eltern können auch dann gut als eine Einheit fungieren, wenn sie verschieden und mal unterschiedlicher Meinung sind – solange sie sich gegenseitig respektieren und einander vertrauen.

Als Eltern gut miteinander umzugehen, ist manchmal gar nicht so einfach. Mein Mann und ich haben selbst Momente erlebt, in denen er für mein Gefühl den Kindern gegenüber überreagiert hat, während es ihn verletzte, dass ich ihn darin nicht unterstützte, nicht seiner Meinung war. «In der Sache sind wir uns einig», sage ich dann manchmal, «aber nicht darin, wie du sie gerade angehst.» Viele Paare suchen mich mit ähnlichen Erfahrungen auf. Wenn wir jedoch wütend auf den anderen werden oder verletzt sind, funktioniert unsere Dynamik nicht mehr. Man kommt sich rasch dumm vor und fühlt sich im Stich gelassen, wenn der eigene Partner einem in den Rücken fällt und in einer bestimmten Situation eingreift, vor allem, wenn es vor den Kindern geschieht. Doch Hand aufs Herz, ab und zu brauchen wir alle einen Partner, der sich einmischt und die Situation rettet: «Wie ich sehe, brauchen alle etwas Abstand. Hol dir einen Kaffee, dann kümmere ich mich darum.» Es ist so wie bei einem Staffellauf – wenn man sein Bestes gegeben hat, muss ein Mannschaftskamerad den Stab weitertragen. Ist die Reaktion Ihres Partners überzogen, sollten Sie ihn oder sie darauf hinweisen. Davon profitiert auch Ihr Partner, vor allem aber Ihr Kind.

Es gibt also keine Regel, der zufolge Eltern sich immer über alles einig sein müssen. Wäre das so, dann würden wir nichts mehr voneinander lernen, dann gäbe es keine Entwicklungsmöglichkeiten mehr und auch nicht die Option, Dinge aus einer anderen Perspektive zu betrachten.

Die Vorstellung, dass Eltern sich immer einig sein müssten, hat Kinder und Erwachsene jahrzehntelang verwirrt. Stattdessen sollten wir uns lieber gemeinsam über die Erziehung austauschen, uns klar darüber werden, welche Position der andere einnimmt, und sollten versuchen, auf Teamgeist zu setzen. In einer Familie sollte Raum dafür sein, sich einzugestehen, dass alle ihre Schwächen haben, dass auch Vater und Mutter Fehler machen, das ist normal. Es muss nicht ständig Einigkeit zwischen den Eltern herrschen, Kinder brauchen vielmehr Eltern, die sich und ihre Kinder lieben, die gelegentlich verschiedener Meinung sind, die sich entschuldigen, wenn sie sich geirrt haben, die sich Mühe geben. Es reicht, ein normaler Mensch zu sein, der sich nach allen Kräften bemüht.

Daraus lernt man viel mehr.

Leere Drohungen

Als ich neulich in der Schwimmhalle war, sah ich eine Mutter, deren zwei Töchter im Wasser tobten und spielten. Sie hatte wohl den Eindruck, dass es nach einem langen Tag allmählich reichte, und wollte, dass sie das Becken verließen. Doch statt etwas zu sagen wie: «Mädels, wir gehen jetzt raus und essen etwas. Wer von euch ist zuerst unter der Dusche?», tat sie das, was viele Eltern tun – sie drohte ihnen mit dem Unvermeidlichen: «Mädels, hört jetzt sofort auf damit! Wenn ihr weiter so herumtobt, gehen wir.»

Das Wasser zu verlassen, war sowieso das einzig Vernünftige. Die Mutter aber brachte dies als eine Drohung vor und hatte es damit urplötzlich in eine Bestrafung verkehrt. Viele Eltern arbeiten bei der Erziehung mit Drohungen. «Wenn du nicht aufhörst zu streiten, dann ...», «Wenn du das nicht aufisst, dann ...».

Drohungen empfehlen sich jedoch nicht, um mit dem Kind zu kommunizieren.

Sind Sie mit einem kleinen, ungeduldigen und trotzigen Kind in einem Café, wäre es absurd zu sagen: «Wenn du so weitermachst, müssen wir gehen!» Kleine Kinder sind nicht dazu in der Lage, sich selbst zu regulieren, und Sie beide werden das Café auf jeden Fall verlassen. Sie kommen weiter, indem Sie sagen: «Ich sehe, dass du müde bist, mein Schatz, wir sollten lieber bald aufbrechen.»

Drohungen bringen einen häufig in eine Zwickmühle, in der einem nur die Entscheidung zwischen zwei Übeln bleibt: Entweder die Strafe folgen zu lassen, mit der man droht, oder jemand zu sein, der leere Drohungen ausspricht. Nichts davon dient der Beziehung zu Ihrem Kind.

Robert hat eine 15-jährige Tochter, die eines Tages betrunken nach Hause kam. Er sagte ihr, dass das Folgen habe würde, und als sie herausfordernd erwiderte: «Und welche?», wurde er unsicher und sagte, er würde erst mal mit mir darüber reden. Teenagereltern fragen sich häufig, welche Konsequenzen angebracht sind. Stubenarrest war früher eine übliche Bestrafung, aber was erreicht man eigentlich damit, jemanden in sein Zimmer einzusperren? Das führt nicht weiter und belastet die Beziehung zwischen dem

Kind und einem selbst, beschädigt das Vertrauen. Als Robert mir erzählte, dass er einen Rat bräuchte, wie er auf den Alkoholkonsum seiner Tochter reagieren sollte, bat ich ihn, sich anzuschauen, inwieweit ihre Entscheidung selbst bereits Folgen gehabt hatte. Vielleicht brauchte die Tochter ja gar keine darüber hinausgehenden Konsequenzen mehr, sondern Hilfe dabei, die bereits ersichtlichen Folgen zu erkennen? Wenn das Trinken nur zu Stubenarrest führt, wird man es wieder tun – das ist nichts, was man fürchten muss. Wenn Sie als Eltern aber ein Gespräch anregen, in dem Sie Ihrem Kind darlegen, weshalb es Ihnen Angst macht, wenn sich die eigene Tochter betrinkt, dass Sie froh sind, dass sonst nichts passiert ist, und ansprechen, wie die Folgen aussehen könnten, und Sie dies vielleicht zum Anlass nehmen, auch über Verhütung zu reden sowie über die Entscheidung, mit wem und wann man Sex haben möchte, dann wird Ihr Kind seine Lehren daraus ziehen, wird über die Entscheidungsmöglichkeiten nachdenken und sich wahrgenommen fühlen.

Hat man kleinere Kinder, die ihre Kleidung bekleckert haben, wird es zum Beispiel nichts bringen, zu sagen: «Na gut, dann bekommst du eben keinen Nachtisch.» Die Kleidung und das Dessert haben nichts miteinander zu tun. Stattdessen können Sie versuchen, das Kind in Ruhe umzuziehen, während Sie ihm erklären, dass es mehr Zeit kostet, wenn man erst noch die Kleidung wechseln und waschen muss. Sie müssen keine Schuld- oder Schamge-

> **Bringen Sie Ihr Kind nie in Verlegenheit. Scham ist ein sehr starkes Gefühl, das dazu führen wird, dass sich das Kind von Ihnen zurückzieht.**
> **Bitten Sie ein Kind auch nie, seine Gefühle zu unterdrücken. Wenn wir Kinder auffordern, mit dem Weinen aufzuhören, belastet das die Beziehung zwischen dem Kind und uns. Alle Gefühle sind in Ordnung – manche müssen verarbeitet werden, aber keines ist verboten.**

fühle bei ihm wecken, zeigen Sie ihm stattdessen einfach, dass es so mehr Arbeit macht.

Ich empfahl Robert, seine Teenagertochter zu überraschen. Es kam zu keiner Bestrafung – stattdessen führten sie ein Gespräch darüber, weshalb ihm ihr Alkoholkonsum solche Angst gemacht hatte. Ein Gespräch über dessen mögliche Folgen.

Und ich darf wohl verraten, dass er überraschter war als ich, dass es tatsächlich etwas brachte.

Um Entschuldigung bitten

Jeder vergreift sich mal im Ton, und auch ich lag schon mit meinen Reaktionen daneben. Bin mir dumm vorgekommen und habe etwas bitter bereut. Ich war zu erschöpft, zu schroff, zu wütend. Das wird Ihnen auch passieren – und das ist auch kein

Drama. Die perfekten Eltern gibt es nicht. Von Bedeutung ist nur, wie man sich verhält, wenn man überreagiert hat.

Erklärungen abzugeben und sich zu verteidigen, ist der schlechteste Weg aus so einer Situation: «Du musst doch verstehen, dass ich ...», beginnen wir vielleicht. Aber das Kind muss gar nichts verstehen, Sie sind es, die eine Grenze überschritten haben. Wenn wir dem Kind die Verantwortung zuschieben – «Du weißt doch, wenn du das machst, wird Papa wütend» –, bringen wie nichts wieder in Ordnung. Das Kind wird sich schuldig fühlen, und die Erwachsenen werden leichter wieder etwas Vergleichbares tun. Das wird das Kind mit der Zeit verunsichern.

Sehen Sie dies stattdessen lieber als eine hervorragende Gelegenheit, dem Kind beizubringen, wie man mit einer schwierigen Situation umgeht. Entscheiden Sie sich für eine Lösung, bei der Sie einen Ausweg aus der Situation aufzeigen und den Fehler nicht wiederholen, bringen Sie dem Kind bei, dass sich auch schwierige Situationen lösen lassen. «Entschuldige, bitte. So sollte ich nicht reagieren. Ich war gestresst und ich wollte nicht ärgerlich werden. Ich werde versuchen, es nicht wieder zu tun.» Und dann müssen Sie das auch wirklich versuchen – versuchen, sich zu bessern.

Wenn Sie aus ganzem Herzen um Verzeihung bitten, bringen Sie dem Kind bei, dass Fehler vorkommen, dass man sie bereuen kann und dass sie sich wiedergutmachen lassen. Und dass man das mit Worten ausdrücken kann.

Etwas wieder in Ordnung zu bringen, das schiefgelaufen ist, gehört zu den wichtigsten Lektionen für uns Menschen. Und das Wort «Entschuldigung» schlägt die entscheidende Brücke.

DER UNTERSCHIED ZWISCHEN AUSSCHELTEN UND HILFESTELLUNG GEBEN

Alle Eltern wünschen sich, dass ihre Kinder ihre Sache gut machen, sich ordentlich benehmen, gemocht werden. Und deshalb sind wir auch verzweifelt, wenn sie Dinge tun, die falsch sind. Dann stellt sich die Frage, wie wir auf unsere eigene Verzweiflung reagieren: indem wir sie ausschelten oder indem wir ihnen Hilfestellung geben? Können wir unserem Kind etwas sagen, aus dem es seine Lehren zieht, gelingt es uns, ihm die Augen dafür zu öffnen, was es statt seines Fehlverhaltens hätte tun können, helfen wir ihm. Schimp- fen wir mit ihm, geben wir keine Richtung vor, wir bieten ihm keine Lebenserfahrung an, aus der es seinen Nutzen ziehen kann. Hilfestellung zu erteilen, gibt dem Kind Orientierung. Schimpfen oder Verbote zu erteilen führt zu Scham und dem Gefühl, nicht zu genügen. Dann fühlt sich das Kind minderwertig. Bieten Sie ihm dagegen Ihre Unter- stützung an, wächst Ihr Kind daran und wagt es, Neues auszuprobieren.

Wenn Sie beobachten, wie Ihr Kind reagiert, während Sie ihm Rückmeldung geben, werden Sie rasch merken, ob

Sie selbst schelten oder ihm Orientierung geben. Schimpfen Sie, werden Sie feststellen, dass sich der Kontakt zu Ihrem Kind verschlechtert, dass er oder sie Ihnen nicht antwortet oder nicht länger Dialogbereitschaft zeigt. In dem Fall ist es eigentlich das Beste, die Sache erst mal auf sich beruhen zu lassen und das Thema später noch einmal anzusprechen, wenn Sie sich genügend beruhigt haben. Viele Eltern reagieren mit Wut, wenn der Dialog mit dem Kind ins Stocken gerät, und schimpfen dann umso mehr, aber das macht die Chance zunichte, später noch einmal auf die Angelegenheit zurückzukommen. Und es unterminiert auch Ihre Position als Berater.

Sie sollten mit aller Macht versuchen, sich für die Hilfestellung zu entscheiden und nicht für das Schimpfen. Das bringt Ihr Kind weiter.

«NEIN» SAGEN –
SCHRITT FÜR SCHRITT

Indem Sie Ihrem Kind Grenzen setzen, helfen Sie ihm auch dabei, seine persönlichen Grenzen zum Ausdruck zu bringen. Es ist nicht immer alles gut, und Kinder müssen das Grenzensetzen lernen, um für sich selbst Sorge zu tragen. Grenzen setzen Sie am besten im Kontakt und im direkten Austausch mit dem Kind, und was Erfolg verspricht, hängt von der Reife des Kindes ab.

Selbst wenn Sie es für schwierig halten, Nein zu sagen, dürfen Sie Ihr Kind nie schlagen, es gegen die Wand drücken oder verletzende Dinge zu ihm sagen. Ihnen als Erwachsenem muss es gelingen, zu Ihrem Nein zu stehen, ohne das Kind zu kränken. Ab und an wird es auch besser sein, nachzugeben als eine Situation außer Kontrolle geraten zu lassen. Das ist keine Katastrophe – es gibt immer wieder neue Gelegenheiten für das Setzen von Grenzen.

0–18 MONATE:

Pauschal gesagt, müssen Sie in den ersten eineinhalb Lebensjahren des Kindes überhaupt nicht Nein sagen. Will Ihr Kind den heißen Ofen anfassen, müssen Sie natürlich einschreiten. Es ist außerordentlich wichtig, dass Sie alles so gestalten, dass Ihr Kind nichts Gefährliches anstellen oder Dinge tun kann, die Sie nicht wollen, aber Sie werden ihm in diesem Alter durch das Setzen von Grenzen nichts beibringen können. Das Wort «Nein» ist in dieser Phase ziemlich unwesentlich. Trost, Geduld, Zuwendung, Auf-dem-Schoß-Sitzen sind das Ausschlaggebende in diesem Alter.

18 MONATE – 3 JAHRE:

Bewerten Sie die Situation. Sagen Sie «Nein», wenn nötig in Verbindung mit einer kurzen Erklärung. Geben Sie durch Ihr eigenes Verhalten und durch Ihre Erklärung vor, wo eine Grenze ist. Bringen Sie dem Kind ganz grundlegende Dinge bei, wie anzuhalten, wenn der Bürgersteig endet und in den Straßenverkehr mündet. Bei Ihnen liegt immer noch die volle Verantwortung für die Sicherheit Ihres Kindes. Will Ihr Kind etwas haben, das Sie ihm nicht geben wollen (zum Beispiel Bonbons), müssen Sie ihm einfache Antworten geben: «Nein, das wollen wir heute nicht kaufen.» Dann führen Sie das Kind fort von dem, was es haben will, und lenken seine Aufmerksamkeit auf etwas anderes um.

3–7 JAHRE:

Ein klares «Nein» und eine etwas weiterführende Erklärung sind jetzt häufig nötig. Seien Sie darauf vorbereitet, dass es willensstarke Kinder gibt, die «nie» nachgeben, aber machen Sie sich bewusst – Sie sind der Erwachsene, und Sie bestimmen. Versuchen Sie eine Erklärung für Ihr Nein zu geben, wenn es eine gibt, aber führen Sie sich vor Augen, dass ein klares Nein – ohne Angst zu erzeugen – das Ausschlaggebende ist. Danach sollten Sie dem Kind dabei helfen, die Situation zu beenden und zu überwinden. Dafür müssen Sie ihm gegenüber Verständnis dafür äußern, dass ein «Nein» schmerzlich sein kann, ihm aber vermitteln, dass dieser Schmerz vorübergeht.

7–13 JAHRE:

Manche Kinder dieses Alters können schon gut verhandeln, andere befolgen das, was die Erwachsenen sagen. Manche haben Angst, Fehler zu machen, andere scheren sich augenscheinlich kein bisschen um die Konsequenzen. Jetzt wird wirklich deutlich, welchen Typ Kind Sie haben. Nichtsdestotrotz wollen alle Kinder dieser Altersstufe am liebsten kooperieren, sie wollen gemocht werden. Der Fehler, den Eltern von Kindern dieser Altersgruppe machen, ist nicht die Art und Weise, wie sie Nein sagen, sondern vielmehr, dass sie nicht erkennen, was das Kind tatsächlich möchte und warum. Üben Sie, mit Ihrem Kind über Geschehnisse zu sprechen, darüber, was er oder sie sich wünscht, und helfen Sie ihm

dabei, zu begreifen, wie es zu Ihrem «Nein» kam. Ihnen obliegt die Verantwortung, aber es ist nötig, dass das Kind in die Entscheidung mit einbezogen wird.

13–17 JAHRE:

Das Setzen von Grenzen läuft in diesem Alter vor allem darauf hinaus, die Sicherheit des Kindes im Blick zu behalten. Auf vielerlei Weise ist es so, als hätte man wieder ein kleines Kind – jetzt aber eines, das sich in Opposition zu Ihnen befindet. Jugendliche sind so, weil sie so sein müssen. In den Widersprüchen, in einer entgegengesetzten Meinung erst finden sie sich selbst. Sie brauchen Diskussionen, müssen sich sicher sein, dass Sie sie vorbehaltlos lieben, und sie haben das Bedürfnis, ihre eigene Meinung zu äußern und Grenzen zu ziehen. Außerdem müssen sie ihre Rechte kennen und sich an Regeln halten: Wann sie zu Hause sein sollten, wo sie sich aufhalten dürfen und dass sie sich nicht betrinken dürfen. Aber entscheiden Sie genau, was Sie ausfechten wollen und was nicht, und lassen Sie sich nicht dadurch beirren, was «alle anderen» dürfen. Sie alle in der Familie bestimmen über die gemeinsamen Grenzen.

GESCHWISTERLIEBE
OHNE STREIT?

Manchmal lieben sich Geschwister heiß und innig, mehrheitlich leben sie in friedlicher Koexistenz, aber hier und da kracht es auch. In jedem Fall müssen Sie mit der Beziehung der Kinder untereinander klarkommen.

Geschwister profitieren davon, hin und wieder miteinander zu streiten. Sie als Eltern müssen es ihnen erlauben, auszutesten, wer auf was ein Recht hat und wer dem anderen körperlich oder mental überlegen ist. Erwachsene, die ständig eingreifen und Konflikte für ihre Kinder lösen wollen, bewirken leicht, dass sich diese nur noch länger hinziehen.

Eifersucht unter Geschwistern kann dazu führen, dass das ältere Geschwisterkind von seinen Gefühlen geblendet ist und es Schwierigkeiten hat, die eigene Kraft und die Folgen seines Zuhauens einzuschätzen. Wenn das jüngste Kind noch unter drei Jahren ist, müssen Sie immer darauf achten, dass das ältere Kind das jüngere Kind nicht verletzt. Werden die Kinder aber älter, tun die meisten Eltern gut daran, sich ein bisschen zurückzuziehen, wenn es Streit gibt. Passen Sie auf, dass nicht immer nur einer der Dominante ist, sondern es ein echter, einvernehmlicher Streit ist.

Der Disput an sich ist kein Problem. Halten Sie ihn nur schwer aus, tun Sie am besten etwas anderes und stehen lieber bereit, um jemanden zu trösten, falls nötig. Streit ist merkwürdigerweise die Voraussetzung für Nähe. Indem man sich streitet, lernt man den anderen besser kennen. Sie können Ihren streitenden Geschwisterkindern beibringen, dass Meinungsverschiedenheiten keine Katastrophe sind, dass es möglich ist, sich wieder zu vertragen – ob nun Erwachsene sich streiten oder ob Kinder das tun. Mit jedem Mal, bei dem Erwachsene oder Kinder einen Disput überwinden, lernen sie etwas über Konfliktlösung.

Geschwister, die von Kindesbeinen an miteinander Kämpfe ausfechten, kommen als Erwachsene besser miteinander aus.

Ein paar Verhaltensregeln bei Geschwisterstreitigkeiten

★ Ziehen Sie sich zurück, wenn die Kinder größer sind und sich selbst verteidigen können. Gehen Sie nicht beim ersten Anzeichen einer Meinungsverschiedenheit als Streitschlichter dazwischen.

★ Zeigen Sie Ihren Kindern, wie man Schwierigkeiten lösen kann, lösen Sie sie aber nicht für sie. Sagen Sie: «Was ist hier los? Ihr möchtet beide die Wasserpistole haben? Gut. Wie könnt ihr das Problem lösen?», anstatt dass Sie darüber bestimmen.

★ Braucht ein Kind nach einem Streit Trost, trösten Sie es. Machen Sie ihm keine Vorwürfe und sagen Sie nicht, es sei selbst schuld, weil es sich mit seinem Bruder oder seiner Schwester gestritten habe.

★ Ergreifen Sie nicht Partei – der Kleinste hat nicht automatisch recht und der Ältere kann nicht ständig die Verantwortung übernehmen. Vieles hat sich vor einer Meinungsverschiedenheit ereignet, was Sie nicht mitbekommen haben.

★ Benimmt sich ein Kind richtiggehend unfair gegenüber dem anderen, müssen Sie sich einmischen und das sagen. Geschwister sollen sich nicht gegenseitig verletzende Dinge an den Kopf werfen. Auch Geschwister können einander wehtun.

★ Schauen Sie sich an, wie Sie als Erwachsene Meinungsverschiedenheiten lösen und auf welche Weise Sie selbst mit den Kindern Gespräche führen. Was lernen sie aus Ihrem Beispiel?

★ Sorgen Sie für genügend Freiraum, damit die Kinder schöne Erlebnisse miteinander teilen können. Was können Sie gemeinsam tun, wo ergänzen Sie sich? Finden Sie Beschäftigungen, bei denen jedes Kind seine Rolle hat und seinen Platz in der Gemeinschaft finden kann.

★ Mindern Sie die Eifersucht, indem Sie mit jedem Kind ab und zu mal etwas Exklusivzeit verbringen. Kinder brauchen das Gefühl, etwas Besonderes zu sein. Sind sie sich dessen gewiss, streiten sie sich auch weniger.

7

SICH MIT DEN EIGENEN VERHALTENS- MUSTERN AUSEIN- ANDERSETZEN

Ein paar Beulen und Blessuren davonzutragen, gehört zum Leben dazu. Alle unsere erlebten Erfahrungen, Enttäuschungen und Niederlagen haben Spuren in uns hinterlassen, und es ist leicht, in unseren erlernten Verhaltensmustern zu verharren. Auch wenn sie für uns ganz normal geworden sind, ist das nicht immer von Vorteil.

Mit Kindern werden ganz neue Anforderungen an einen gestellt, und wahrscheinlich in weit stärkerem Maß als jemals zuvor im

Leben. Man wird Seiten an sich entdecken, über die man nicht besonders erfreut ist. Vielleicht reagieren Sie mit Wut, wenn Sie hätten Trost spenden sollen, vielleicht verlassen Sie die Kräfte, wenn Sie sich etwas mehr hätten ins Zeug legen sollen? Die wenigsten Menschen hatten eine Kindheit unter Idealbedingungen, doch das heißt nicht, dass Sie wie Ihre Mutter oder Ihr Vater werden müssen oder Sie an Ihre Kinder dieselbe Unsicherheit oder die Verletzungen weitergeben werden, die Sie mit sich herumtragen.

Ich weiß jedoch, dass Sie Ihre Elternrolle selbst beeinflussen können. Um die Mutter oder der Vater zu sein, die oder der Sie selbst gern sein möchten, müssen Sie allerdings Zeit darauf verwenden, Ihre eigenen Verhaltensmuster zu verstehen. Sie müssen den Mut haben, sich Ihre eigene Herkunft anzuschauen, und die Ursachen dafür kennen, weshalb Sie in verschiedenen Situationen so und nicht anders reagieren.

Ich möchte Sie deshalb auffordern, den Mut aufzubringen, sich selbst ein wenig aus der Distanz zu betrachten.

Dann können Ihre Kinder Ihr Leben auf eine Weise verändern, die Sie sich vorher nicht hätten vorstellen können. Womöglich werden Sie ein mutigerer Mensch mit einem höheren Maß an Selbstreflexion – falls Sie es wagen.

Ein paar Worte, die alles veränderten

Ich erinnere mich noch an einen Sommertag in unserer kleinen Wohnung. Ich muss fünf oder sechs Jahre alt gewesen sein und habe zu Hause auf dem Fußboden im Wohnzimmer gesessen. Wir hatten Besuch von einem Handwerker, einem gestandenen Mann, der unsere Spüle reparierte. Ich war ein extrovertiertes Mädchen, das darin wohl die Gelegenheit für ein neues Publikum sah, weshalb ich beschloss, ihm alle Wörter vorzulesen, die ich schon schreiben konnte. Es war eine ziemlich lange Liste, und er belächelte mich ein wenig, während er unter der Spüle lag, aber wir plauderten miteinander und hatten eine nette Zeit zusammen. Das dachte ich zumindest. Später wies mein Bruder mich trocken darauf hin, dass den Handwerker das überhaupt nicht interessiert habe. «Du weißt doch, dass niemanden interessiert, was du schreiben kannst?», sagte er. Seine Worte trafen mich bis ins Mark. Die Kluft zwischen dem, was ich für einen schönen Moment gehalten hatte, hin zu dem Gefühl, dumm und bloßgestellt worden zu sein, konnte nicht tiefer sein und überwältigte mich jäh, sodass ich merkte, wie meine Wangen vor Scham erglühten. Und dieses Schamgefühl führte dazu, dass ich mich in den folgenden Jahren stärker zurückzog, mich mehr in mich selbst verkroch.

Viele Jahre später – ich war schon selbst Mutter – saß einer meiner Söhne draußen auf einer Bank und unterhielt eine ganze

Gruppe Senioren aus unserer Nachbarschaft. Die Vitalität meines Sohnes erfreute sie. Ich schaute zu, konnte mich aber nicht freuen. Ich hatte mit einem ganz anderen Gefühl zu kämpfen, das in dem Moment völlig fehl am Platz war – Scham.

Dieser Zwischenfall führte dazu, dass ich mich auf eine beschwerliche Gefühlssuche begab, um herauszufinden, woher dieses Gefühl rührte. Mit der Zeit wurde mir klar, dass der Besuch des Handwerkers in den siebziger Jahren der ursprüngliche Auslöser dafür gewesen war. Die wenigen Worte, die ich damals vernommen hatte und die andere vielleicht einfach von sich abgeschüttelt hätten, hatten sich heimlich in mir festgesetzt und einen kleinen Schatten über mein Leben gelegt. Selbst als Erwachsene konnte ich noch Unbehagen empfinden, wenn ich nur an diese Situation dachte. Und jetzt war mein eigener Sohn der Leidtragende dieses Schamgefühls. Gleichzeitig wurde mir bewusst, dass ich als Mutter zu sehr damit beschäftigt gewesen war, dass meine Kinder ja nicht zu viel Raum einnähmen. Ich konnte es nicht leiden, wenn sie zu laut wurden oder sich zu sehr in den Vordergrund spielten. Noch heute verspüre ich ab und an dieses Gefühl.

Das war keine schöne Feststellung. Bekommen wir selbst Kinder, können diese alten Emotionen, kann das Unbehagen aus unserer Kindheit sich dadurch zeigen, dass wir zu vorschnell, zu stark und zu emotional auf Dinge reagieren, die wir vielleicht mit etwas mehr Gelassenheit hätten handhaben sollen. Wir lassen uns häufig von starken Emotionen leiten. Sie dürfen in der Kindererziehung aber nicht das Sagen haben.

Wer wollen Sie sein?

Was also tun Sie, wenn Sie merken, dass Sie wie Ihre Mutter oder Ihr Vater reagieren, dass Sie im Begriff sind, sich so zu verhalten, wie Sie es nie wollten? Vielleicht sagen Sie etwas zu Ihrem Kind, das Sie nie sagen wollten, oder verspüren eine Distanz, eine Wut, eine übertriebene Intimität? Die eigenen Eltern sind – wohl oder übel – unsere größten Rollenvorbilder. Von Ihrer Vorstellung, wie eine Familie zu sein hat, stammt vieles aus Ihrer eigenen Kindheit. Bei einigen weckt das angenehme Assoziationen an ein mehr oder weniger harmonisches Familienleben, andere werden von Schmerz und Minderwertigkeitsgefühlen übermannt. Ich habe viele Erwachsene kennengelernt, die aus prekären Familienverhältnissen kamen, in denen die Mutter oder der Vater nicht in der Lage gewesen waren, den Gefühlen der Kinder gerecht zu werden, in denen die Kinder von Kindesbeinen an dem Zorn, der Abhängigkeit oder dem Kummer ihrer Eltern ausgeliefert waren. Werden diese Kinder zu Erwachsenen, handeln sie manchmal weiter nach diesem gewohnten Muster, versuchen für ihre Kinder alles perfekt zu organisieren, ihnen ständig alles zu ermöglichen, reagieren überbehütend oder mit überzogener Enttäuschung, wenn etwas nicht so läuft, wie sie es sich wünschen. Andere wiederum wollen ihre

Kinder von allem Negativen abschirmen, bemühen sich verzweifelt, eine gute Stimmung zu bewahren, damit ihr Kind ja nicht dieselbe Traurigkeit verspürt, die sie selbst als Kind empfunden haben.

Das sind vielleicht offensichtliche Beispiele. Wir alle aber kennen ein ganzes Spektrum an instinktiven Verhaltensmustern, und wenn Gefühle in uns aufwallen, verfallen wir oft intuitiv in solche alten Muster – und verhalten uns dann ganz anders, als wir eigentlich wollen. Deshalb können Sie nur gewinnen, wenn Sie lernen, sich so mit Ihren Emotionen auseinanderzusetzen, dass diese dem Wohl Ihres Kindes dienen.

Zuerst sollte man bewusst registrieren, dass da etwas vor sich geht, das irgendwie seltsam ist – so wie ich es getan habe, nachdem ich mich dafür geschämt hatte, dass mein Sohn die Senioren in unserer Nachbarschaft unterhielt: «Gut, so habe ich also reagiert.» Danach müssen Sie sich selbst fragen: «Möchte ich diese Person sein? Soll mein Kind diese Erfahrungen auch ma-

MACHEN SIE SICH MIT IHREN EIGENEN NEGATIVEN VERHALTENSMUSTERN VERTRAUT UND SETZEN SIE SICH DAMIT AUSEINANDER. HANDELN SIE NICHT REIN INSTINKTIV.

chen, möchte ich dieses Gefühl wirklich weitergeben?» Darüber zu
reflektieren ist entscheidend. «Woher stammt meine Reaktion?»
und «Was hätte ich in dieser Situation anders machen können?»,
kann man sich beispielsweise fragen. Sein eigenes Leben, seine
eigene Biographie nachzuvollziehen, zu ergründen, woher die eigenen Empfindlichkeiten stammen, kann einen von diesen Mustern
befreien. Zu so einer Selbstreflexion aber kommt es nur, wenn Sie
sich bewusst machen, was da gerade vor sich geht, Sie innehalten
und in sich hineinhorchen, ob Sie auch wirklich so reagieren wollen. Gelingt es Ihnen, die Ursache für Ihre Reaktion zu ermitteln,
ist die Wahrscheinlichkeit geringer, beim nächsten Anlass wieder
so zu reagieren. Am verlockendsten ist es für uns zu sagen: «So bin
ich eben», aber das können Sie sich als Eltern nicht leisten.

Der Vorteil dieses Reflexionsprozesses ist, dass Sie am Ende
mehr darüber erfahren, wer Sie sind und sich darüber klar
werden, wer Sie sein wollen. Eigene Kinder zu bekommen, kann
Sie mutiger, schlauer und zufriedener machen – wenn Sie es
wagen, sich selbst im Spiegel zu sehen.

Eine Strategie für das Kind

Sie werden erleben, dass Sie zu wenig Schlaf bekommen, dass
Vorfälle bei der Arbeit oder in der Beziehung zu Ihrem Partner Sie
stressen, oder dass Sie schlicht und einfach einen schlechten Tag
hatten. Der Alltag raubt einem in vielerlei Hinsicht die Fähigkeit,

Das Verhalten, das Sie in der Kindererziehung automatisch abspulen, bringt Ihrem Kind womöglich am wenigsten Nutzen. Indem Sie die Ursache für Ihre Reaktion ergründen, werden Sie zu besseren Eltern.

den Kindern bestmöglich gerecht zu werden. Je mehr von diesen Dingen hineinspielen, umso schwerer wird es, nicht reflexartig zu reagieren. Unser «Autopilot» aber führt uns auf zweierlei Weise hinters Licht – zum einem, indem wir annehmen, klüger zu sein, als wir tatsächlich sind – wir bilden uns ein, so zu handeln wäre richtig, weil es so selbstverständlich geschieht. Zum anderen erscheint es einem schwer, aus dem gewohnten Muster auszubrechen, wenn einen das dazu verleitet, zu viel zu schimpfen oder in Situationen, bei denen man hätte einschreiten sollen, den Blick abzuwenden.

Was aber ist die Lösung? Halten Sie einige Sekunden inne und überlegen Sie, wie Sie Ihrem Kind gegenübertreten möchten. Sie müssen vielleicht nicht bis zehn zählen, aber einmal tief Luft holen und sich selbst fragen: «Was macht jetzt am meisten Sinn? Welche Strategie sollte ich verfolgen?»

Kinder werden ohne ersichtlichen Grund quengeln oder heulen, weil sie nicht mit dem Essen oder der Kleidung, die Sie für sie ausgesucht haben, zufrieden sind, sie werden Sie beschimpfen und schreien, dass sie Sie hassen, und werden sich irgendwann völlig verschließen und sich weigern zu erzählen, was los ist. Ihr eigener automatisierter Verteidigungsmechanismus kann bewirken, dass selbst ganz normale Reaktionen Ihres Kindes Ihnen nervig und unkontrollierbar vorkommen. Die Verwundbarkeit der Kinder, ihre Abhängigkeit von Ihnen und ihre Hilflosigkeit können eine Hürde darstellen. Deshalb sollten Sie Ihre eigenen Impulse und Gefühle hinterfragen, um bei Ihrer Reaktion im Hinterkopf zu behalten, was das Beste für Ihr Kind ist.

Kein unbeschriebenes Blatt

Margareth, eine ältere Frau, sucht mich seit vielen Jahren auf. Sie hat graue Locken, ist recht klein, und ich höre vorher nie ihre Schritte vor meiner Tür wie bei meinen anderen Patienten. Sie hadert immer noch mit ihrem schlechten Gewissen, weil sie in der Kindheit ihres ältesten Sohnes nicht genügend für ihn da war. Damals war sie mehr mit ihrer eigenen Karriere beschäftigt und hatte persönliche Interessen in den Vordergrund gerückt. Ihrem Sohn widmete sie zu wenig Zeit, sodass er viel auf sich allein gestellt war. Obwohl seitdem viele Jahrzehnte vergangen sind und es ihrem Sohn bestens geht, fällt es Margareth schwer, sich mit ihrer Mutterrolle auszusöhnen. Wir haben ein Gespräch über ihre eigenen Eltern geführt, und sie hat mir erzählt, dass sie aus einer Familie stammt, in der das Zusammenleben mit den Eltern von Schweigen und Distanz geprägt war und in der die Kinder nichts galten. Im Grunde musste sie in ihrer ganzen Kindheit allein klarkommen. Solche Dinge werden häufig über Generationen hinweg weitergegeben, bleiben als kleine Relikte in uns zurück, bis sie hier und da wieder aufflammen. Ich muss einräumen, dass ich Margareth bewundere, weil sie sich jetzt mit ihrem alten Ich auseinandersetzt. Ihr liegt wirklich viel an einer Verbesserung der Beziehung zu ihrem Sohn, und das ruft mir in Erinnerung, dass uns allen unser ganzes Leben hindurch die Möglichkeit gegeben ist, sich weiterzuentwickeln und sich zu verändern.

Das ist die gute Nachricht in dieser ganzen Sache: Alle, selbst diejenigen, die die allerschlimmsten Erfahrungen gemacht haben, die ein Mensch nur machen kann, sind in der Lage, sich von der Vergangenheit zu befreien und gute, normale Beziehungen zu ihren eigenen Kindern aufzubauen. Wunden können heilen.

Andererseits kann das, über das wir nicht sprechen, das wir nur hinnehmen, verdrängen und vergessen, uns und unserer Beziehung zu den Menschen in unserem Umfeld schaden. Wir möchten immer ein Teil unserer Ursprungsfamilie sein und können unsere eigenen Wurzeln nicht verleugnen. Die perfekte Kindheit gibt es nicht – und das ist auch völlig in Ordnung so –, aber wir alle können versuchen, etwas besser mit Vergangenem zu leben. Ziel sollte sein, von den negativen Erfahrungen aus unserer eigenen Kindheit so wenig wie möglich an die nachfolgende Generation weiterzugeben.

Unter meinen Patienten befinden sich auch Familien, die aus Kriegsgebieten kommen. Sie erzählen von Begebenheiten, die das Fassungsvermögen der meisten Menschen übersteigen. Es ist sicher einfacher, solche Dinge in sich zu verschließen, dennoch würde ich mir wünschen, dass Eltern mit ihren Kindern über ihre Herkunft reden würden – sie brauchen als Familie eine gemeinsame Geschichte. Erst dadurch können Kinder ein Verständnis dafür entwickeln, welchen Hintergrund die Eltern mitbringen – und das wiederum hilft Eltern, innezuhalten, wenn sie merken, dass ihr persönliches Trauma bei irgendwelchen Ereignissen den Ton angibt.

Es gibt große Verletzungen, und es gibt kleine. Jede Familie hat ihre individuellen Voraussetzungen.

Was Heilung verspricht

Setzen Sie sich mit Ihrem persönlichen Ballast auseinander, seien Sie flexibel und offen im Umgang mit Ihrem Kind. Dann vermeiden Sie es, sich so zu verhalten , wie Sie es gar nicht wollten, und sind in Ihrem eigenen Leben nicht länger nur eine Art Mitreisender – was für die Beziehung zu Ihrem Kind von enormer Bedeutung sein kann. Es ist ein bisschen wie bei diesen Sicherheitsinstruktionen im Flugzeug: sich zunächst selbst die Sauerstoffmaske aufzusetzen versetzt Sie in die Lage, anderen zu helfen.

Obwohl zu wichtigen Bezugspersonen in meiner Kindheit eine mangelhafte Bindung bestand, bestimmt diese Erfahrung heute nicht über mein Leben. So waren die Umstände damals – heute sind sie anders. Dinge lassen sich ändern. Liebe und Selbstreflexion versprechen Heilung.

Kennen Sie sich selbst, können Sie sich ganz allmählich vergeben.

Und sich selbst zu vergeben, ist der höchste Ausdruck der Liebe.

Gelingt es Ihnen heute, ein guter Vater oder eine gute Mutter zu sein, heilen Sie zugleich auch viele Wunden aus Ihrer Kindheit.

FESTGEFAHRENE MUSTER DURCHBRECHEN

Viele Eltern verspüren ein Gefühl von Unsicherheit und Unzulänglichkeit. Manche reagieren mit instinktiven Emotionen, die einen überwältigen und in Situationen die Führung übernehmen, in denen man sich womöglich lieber anders verhalten hätte. Man kann sich aber auf verschiedene Weise mit diesen instinktiven Emotionen auseinandersetzen, und das wiederum schenkt Ihnen die Freiheit, Ihrer Elternrolle besser gerecht zu werden. Sich Schritt für Schritt mit seinem eigenen Gefühlsfundament auseinanderzusetzen, ist eines der wichtigsten Dinge, die Sie für Ihr Kind tun können.

1. Sich selbst fragen: Wie war meine Kindheit? Was war das Bedeutendste, das Ihnen in Ihrem bisherigen Leben widerfahren ist? Welche Ereignisse – positive wie negative – waren daran beteiligt, Sie zu dem zu machen, der Sie sind? Wer hat Ihnen in Ihrer Kindheit Zuwendung geschenkt, und an welche Person erinnern Sie sich am besten, wer hat Sie getröstet? Notieren Sie sich zu jedem Punkt ein paar Sätze und lesen Sie diese dann durch.

2. Sich mit seinen eigenen positiven Emotionen vertraut machen

Machen Sie sich bewusst, zu wem Sie in enger Beziehung stehen – zu Ihrem Partner, ein paar Familienmitgliedern, Ihrem allerbesten Freund, Ihrer allerbesten Freundin. Überlegen Sie, was es heißt, sich in Gesellschaft von jemandem wohlzufühlen. Natürlich kommt es gelegentlich auch vor, dass solche Begegnungen von Konflikten und Unsicherheit geprägt sind, aber schenken Sie vor allem jenen Emotionen, Gedanken und Reaktionen Aufmerksamkeit, die Sie in angenehmen Situationen verspüren.

3. Sich mit seinem Gefühlsleben vertraut machen

Notieren Sie jeden Tag, wie es Ihnen geht – in ein Notizbuch, im Smartphone. Viel muss es gar nicht sein, geben Sie nur eine Antwort auf diese beiden Fragen: «Welche Gefühle durchströmen mich gerade?» und «Woher rühren sie?» Das mag anfangs etwas gewöhnungsbedürftig sein, aber versuchen Sie es trotzdem, und schreiben Sie jeden Tag etwas mehr auf.

4. Zusammenhänge erkennen

Erleben Sie einen Moment, in dem es Schwierigkeiten mit Ihrem Kind gibt und Sie merken, dass Sie sich gerade nicht so verhalten, wie Sie es wollen, dann notieren Sie nach Beendigung der Situation, was sich ereignet hat, wie Sie gehandelt haben und wie Sie anders hätten handeln können. Allein dadurch, dass Sie sich selbst Alternativen vor Augen führen, werden Sie mit der Zeit eine Veränderung bewirken.

5. Eine schlechte Stimmung nicht ausufern lassen

Nun ja, das Abendessen wurde nicht so gemütlich wie gedacht, das Zubettgehen lief nicht so wie erhofft, und der ach so wunderbare Ausflug war ziemlich langweilig und die Kinder haben nur rumgejault. Das muss nicht unbedingt an Ihnen gelegen haben oder etwas gewesen sein, das Sie hätten ändern können. Lassen Sie die schlechte Stimmung nur nicht ausufern. Belassen Sie sie dort, wo sie hingehört – in der Situation, die Sie ausgelöst hat.

«DAS TUT MAN NICHT»

Meine Eltern stammen aus Schweden, und wie viele Schweden meines Alters wuchs ich in einer Tradition von Binsenweisheiten wie «Das tut man nicht» auf. Als Kind habe ich mir viele Gedanken darüber gemacht, woher diese seltsame Phrase wohl stammte. Sie kam geradezu wie aus dem Nichts, als wäre es für alle eine Selbstverständlichkeit: «*Das tut man nicht.*»

Es hängt viel davon ab, auf welche Weise wir mit unserem Kind sprechen. Es ist von Vorteil, ihm auf Augenhöhe zu begegnen – ein «Ich» zu gebrauchen, wenn wir über unsere Wünsche und Vorstellungen sprechen, und ein «Du», wenn wir über das Kind sprechen. Das hört sich vielleicht ganz normal an, doch machen Sie sich nur klar, wie leicht Eltern in der dritten Person von sich selbst reden und Dinge sagen wie: «Mama mag nicht, dass du ...» oder «Papa findet, es ist am besten zu ...». Damit errichten Sie eine Distanz, und so müssen Sie nicht zu dem stehen, was Sie sagen, es ist eine «Mama» oder ein «Papa», der traurig oder wütend ist oder etwas nicht tun möchte.

Für das Kind ist diese Art zu reden aber verwirrend. Man fordert es damit auf, sich einer fremden Autorität oder unerklärlichen Regeln zu beugen. So etwas geschieht häufig, wenn Eltern Problemen aus dem Weg gehen wol-

len und nicht die Kraft haben, richtig präsent zu sein. Kommt das des Öfteren vor, entfernt sich Ihr Kind von Ihnen.

Seien Sie also *Sie selbst*! Stehen Sie zu Ihren Worten, seien Sie das Gesicht hinter dem Gesagten. Verstecken Sie sich nicht hinter nichtssagenden Vorschriften. Sagen Sie: «*Ich* möchte nicht, dass du das tust» statt: «Das tut man nicht.» Gebrauchen Sie «Ich» statt «Mama» oder «Papa».

Wenn Ihre Kinder Sie manchmal fragen, weshalb sie etwas nicht dürfen, haben Sie womöglich keine passende Antwort parat. Dann können Sie sagen, was ich manchmal sage: «Das weiß ich nicht, ich weiß nur, dass es falsch ist.» Kinder akzeptieren das meistens – und es ist nichtsdestotrotz besser, ehrlich zu sein und zuzugeben, dass man nicht alles weiß, statt zu sagen, dass das einfach so ist. Außerdem profitieren Kinder immer davon, ins Gespräch mit einbezogen zu werden.

KINDER UND SOZIALE MEDIEN

Über das Online-Sein

Die meisten von uns kennen das: Das Kind sitzt mit gelangweiltem Gesichtsausdruck da, während seine Mutter oder sein Vater ihren Blick hoch konzentriert auf das Smartphone richten. Das ist zum Bild unserer Zeit geworden – Köpfe, die über Handys geneigt sind.

Das aber sorgt für einige grundlegende Probleme.

Kinder brauchen Kontakt – vor allem kleine Kinder sind völlig abhängig vom Blickkontakt. Sie müssen den Augenkontakt, die Mimik und die Reaktionen des Erwachsenen sehen, um sich sicher zu fühlen. Deshalb ist es so wichtig, dass Sie im Beisein Ihrer Kinder Laptop und Smartphone beiseitelegen, sonst ist das Kind völlig auf sich gestellt.

Ein Kind ist auch darauf angewiesen, dasselbe wie der Erwachsene zu sehen, seine Aufmerksamkeit auf dasselbe zu lenken. Gemeinsam mit einem Zweijährigen einem Bagger zuzusehen, ist etwas grundsätzlich anderes, als ihn die Baustelle allein betrachten zu lassen, während Sie irgendwo am Telefon hängen. Im ersten Fall ist das Kind glücklich, fühlt sich beteiligt. Im zweiten Fall dagegen wird es unterhalten, fühlt sich aber allein. Das Kind, das in der Babywippe sitzt, braucht

jemanden, mit dem es sein Vergnügen teilen kann, niemanden, der es nur schnell zum Schwingen bringt.

Ein ungeschriebenes Gesetz für Eltern lautet deshalb, im Beisein der Kinder die Smartphone-Nutzung zu begrenzen. Irgendwann (und meistens früher, als Sie glauben) werden *Sie* es sein, der die Nutzung von iPad und Computerspielen bei den Kindern wird begrenzen müssen.

Ihre Glaubwürdigkeit auf diesem Gebiet ist jedoch gering, wenn Sie selbst bereits beim kleinsten Anflug von Langeweile auf Ihr Handy starren. Deshalb sollte man, sobald ein Baby im Haus ist, den Handy-Konsum auf das Allernötigste reduzieren. Ganz auf die Technologie zu verzichten, ist selbstverständlich nicht nötig. Kinder wachsen heute in einer Welt auf, in der sie den Umgang mit Computerspielen, E-Learning und elektronischer Kommunikation lernen müssen. Sie und die Ihren sollten sich daran beteiligen – aber sich dennoch in allererster Linie auf Ihr Kind konzentrieren.

Was können Sie teilen?

Für Eltern von kleinen Kindern können die sozialen Medien eine große Hilfe sein. Man erlebt etwas, das man mit anderen teilen möchte, man wird mit Dingen konfrontiert, von denen man gerne wüsste, ob andere diese auch nachvollziehen können. Doch wo ist die Grenze? Was ist zu privat, um es zu teilen? Und was können Sie eigentlich noch als Familie miteinander teilen, wenn Sie gleichzeitig besondere Momente aus dem Leben Ihres Kindes online stellen?

Hege ist mit ihrem Sohn in der Notaufnahme. Er hat sich den Arm gebrochen und hatte in den letzten Stunden furchtbare Schmerzen. Die Ärzte und die Krankenschwestern haben den Knochen geschient und legen ihm jetzt gerade einen Gips an. Sie hat sich Sorgen gemacht und ist stolz, dass ihr Sohn und sie die Situation so gut gemeistert haben. Hege fotografiert den eingegipsten Arm und postet das Bild mit folgendem Kommentar auf Facebook: «Hatten eine harte Zeit in der Notaufnahme. Aber jetzt ist alles gut!» Das dauert nur einen Augenblick. Im Taxi auf dem Nachhauseweg hat sie einen Arm um ihren Sohn gelegt und beantwortet oder likt alle eingehenden Kommentare. Mehr als 120 Personen liken ihren Beitrag und verlinken Herzen mit ihrer Statusaktualisierung, viele kommentieren sie. Diese Unterstützung tut gut. Ihr Sohn aber sitzt in ihrem Arm, ganz erschöpft nach der ganzen Belastung, und fühlt sich merkwürdig einsam.

Die sozialen Medien eröffnen uns die Möglichkeit, von weitaus mehr Menschen als früher Unterstützung zu erfahren – und das tut immer gut. Das Problem ist nur, dass diejenigen, die uns Unterstützung geben, uns bei weitem nicht so nahe stehen wie unsere Nächsten. Vielen von ihnen ist man kaum jemals begegnet. Auf diese Weise aber richtet man die Aufmerksamkeit auf den äußeren Rand seines Umfeldes statt auf das Zentrum. Solange Sie keine Fotos Ihrer Kinder in verletzlichen Momenten – wenn sie krank, verzweifelt oder nackt sind – posten, besteht das Problem eher darin, wie häufig Sie sich in Ihr Smartphone vertiefen. Dass Hege das Ereignis geteilt hat, ist nicht das Ausschlag-

gebende – das Problem ist, dass sie ihre Aufmerksamkeit in einem heiklen Moment von ihrem Sohn abgewendet hat, in dem er sie ganz konkret brauchte.

Die schier unerschöpflichen Möglichkeiten, all diesen Menschen im Netz zu begegnen und von ihnen gesehen zu werden, entfernen uns von unseren Liebsten.

WAS MAN NICHT TEILEN SOLLTE:

- Kinder, die gerade einem Gefühlstumult ausgesetzt sind und starke Emotionen wie Trauer, Wut oder Verzweiflung verspüren – in diesen Momenten keine Fotos von ihnen machen, sondern für sie da sein.
- Kinder, die Peinliches tun. Wenn sie selbst größer sind und es verstehen können, kann es ihnen unangenehm sein.
- Fotos, die als sexualisiert interpretiert werden könnten. Selbst wenn es auf eine harmlose Art gemeint ist, kann so etwas missverstanden und missbraucht werden.

WAS MAN TEILEN DARF:

- Gemeinsame Aktivitäten und ihr Ergebnis.
- Künftige Vorhaben, zu denen Sie Anregungen wünschen.
- In welcher Stimmung Sie sich befinden, nachdem die Kinder im Bett liegen (vor allem, wenn sie positiv ist).
- Meilensteine, wie das gelungene Töpfchentraining und der erste Zahn. Das sollte jedoch einer begrenzten Öffentlichkeit aus Personen, die einem nahestehen, vorbehalten bleiben. Andere interessiert das auch gar nicht.
- Machen Sie sich klar, dass das Teilen von Inhalten oder Fotos in den sozialen Medien ein Massenphänomen ist. Es sollte aus Freude geschehen, nicht aus Verzweiflung. Und das Geteilte muss wahr sein, und alle im Beitrag Erwähnten müssen damit gut leben können.

JUGENDLICHE UND DAS TEILEN VON INHALTEN

Haben Sie ältere Kinder, werden Sie rasch die Erfahrung machen, dass sie ein zweites Leben im Netz führen. Computerspiele und soziale Medien sind nicht nur eine individuelle Beschäftigung – vom Grundschulalter an aufwärts gehören Kinder irgendwelchen Gruppen an, kommunizieren über die sozialen Medien und teilen Inhalte. Und ja – die meisten posten auch Fotos von sich selbst, und wie alles andere, was in dieser Altersstufe geschieht, ist das nicht immer durchdacht oder von Vorteil. Damit sie keine richtigen Dummheiten anstellen, bedarf es der Führung von Erwachsenen – und ab und zu dürfen sie dann auch mal was Dummes machen.

Als Eltern sollten Sie sich klarmachen, dass sich für die Jugendlichen viel im Internet abspielt, und dass Sie sich auch dafür interessieren sollten. Jagen Sie Ihren Kindern keine Angst ein und verurteilen Sie sie nicht, sondern bleiben Sie lieber mit ihnen darüber im Gespräch und interessieren Sie sich für das, was Ihre Kinder im Internet treiben. So können Sie ihnen, falls nötig, Rat und Unterstützung geben. Sorgen Sie auch dafür, dass Sie technologisch nicht völlig ins Hintertreffen geraten und dann nicht mehr begreifen, was dort vor sich geht. Besorgen Sie sich dieselben Apps wie Ihre Kinder und probieren Sie diese selbst aus, dann bleiben Sie besser im Bilde.

WIE VIEL BILDSCHIRMZEIT IST ERLAUBT?

Eine der häufigsten Eltern-fragen lautet, wie viel Zeit die Kinder vor dem Bildschirm verbringen dürfen. Manche begrenzen die Nutzung streng, manche verbieten jegliche Bildschirmnutzung, bei anderen wiederum gelten gar keine Beschränkungen.

Zu viel Zeit vor dem Bildschirm – ob Computer oder Fenseher – hat eindeutig negative Auswirkungen – vor allem vielleicht deshalb, weil es einen zum Stillsitzen zwingt und den eigenen Körper und die Phantasie verkümmern lässt. Zugleich aber sind viele Computerspiele und TV-Sendungen in ihrer Machart, ihrer Kreativität und darin, wie sie Kinder in eine Parallelwelt entführen, die in den Spielen der Kinder und im Austausch mit Mitschülern und Kindergartenfreunden weiter existiert,

ganz phantastisch. Um am sozialen Leben teilzunehmen, ist ein gewisser Zugang zu Computerspielen und Kindersendungen also von Vorteil. Nicht zuletzt begrüßen es die Erwachsenen, wenn sonntags morgens bei der ersten Tasse Kaffee noch einen Moment Stille herrscht.

Aber Kinder sind verschieden. Manche tauchen völlig in die Parallelwelt ab und können nicht damit aufhören. Sie wollen nichts anderes tun als das, und das bringt schwere Auseinandersetzungen mit sich, versucht man, sie auch mal zu etwas anderem zu motivieren. Andere Kinder dagegen möchten auch gerne andere Dinge machen, sodass ihnen tagelang gar nicht der Gedanke an Computerspiele oder Fernsehen kommt.

Sind Sie als Eltern in dieser Beziehung zu streng, werden

Ihre Kinder kaum darauf vertrauen, dass Sie ihnen in diesem Punkt helfen und ihnen Orientierung geben können. Sind Sie zu nachlässig, bekommen Ihre Kinder nicht den Rat und die Anleitung, die sie brauchen. Sie als Erwachsener müssen die Grenzen festlegen und Verständnis dafür wecken, weshalb diese gezogen werden, und sich gleichzeitig mit den daraus resultierenden Emotionen Ihres Kindes auseinandersetzen. Mit zunehmendem Alter und einer fortgeschrittenen Entwicklung des Kindes können Sie mehr mit ihm darüber sprechen und es unterweisen. Die Grenzen sollten Sie immer im Dialog mit Ihrem Kind festlegen. Beziehen Sie es in Ihre Entscheidungen mit ein, setzen Sie keine unverrückbaren Regeln durch. Die Computertechnologie wird aus dem zukünftigen Leben Ihrer Kinder nicht mehr wegzudenken sein und es in einem Ausmaß

bestimmen, das wir uns heute noch nicht einmal vorstellen können, deshalb müssen sie den Umgang damit lernen.

Den Kindern beizubringen, dass das Leben nicht nur aus Bildschirmen besteht, ist an Ihnen. Legen Sie ihnen andere Beschäftigungen nahe, bringen Sie ihnen andere Dinge bei, wie zum Beispiel das Malen, Skifahren, ein Instrument zu spielen, das Frisbeewerfen oder zu einer Bäckerei in der Nähe zu radeln, um frische Rosinenbrötchen zu kaufen. Kinder brauchen das Gefühl, etwas selbst zu dürfen, müssen über sich hinauswachsen können und Neues lernen. Computerspiele sind heutzutage vielfach der Ort, an dem sie diese Bedürfnisse ausleben können. Sprechen Sie mit älteren Kindern darüber, dass man sich beim Computerspiel oder beim Gucken von TV-Sendungen entspannen kann, dass es aber auch andere Möglich-

keiten zur Entspannung gibt. Vom Schulalter an aufwärts sollten Sie den Kindern erklären, wohin zu viel Bildschirmkonsum führt – dass es den Schlaf beeinträchtigt und so viel Raum im Kopf einnimmt, dass andere Dinge in den Hintergrund treten, selbst wenn sie dort nicht hingehören. Und dass digitale Spiele und Computer eine feine Sache sind, man aber auch noch Zeit und Kraft für anderes braucht.

Den Erwachsenen fällt immer die Verantwortung zu, einen Orientierungsrahmen für das Kind vorzugeben. Körperliche Aktivitäten, Schlaf, regelmäßige Mahlzeiten, Bücherlesen und Gesellschaftsspiele – sorgen Sie dafür, dass andere Beschäftigungen den Platz bekommen, den sie bekommen sollten.

Habe ich eigentlich schon beantwortet, wo man Grenzen setzen sollte? Die Anzahl der Stunden oder Minuten ist hier gar nicht so ausschlaggebend, wichtig ist, dass der Computerkonsum innerhalb der Familie nicht zu einem großen Streitthema wird. Setzen Sie auf eine Art Grenzen, die das Kind einbezieht und die es nachvollziehen kann. Bei der Entscheidung, wie viel Raum der Nutzung digitaler Medien in der Familie gegeben werden sollte, können Sie einige der folgenden Punkte mit in Betracht ziehen.

1. Welche Zeit eignet sich am besten für Computerspiele? Es sollte eine Zeit sein, in der die Kinder sich dem Spiel nach Herzenslust widmen können, ohne dass es auf Kosten anderer Dinge geht.

2. Viele Kinder wollen ständig vor dem Computer sitzen, aber das tut keinem Kind gut. Geben Sie ihnen nicht die Gelegenheit, immerzu online zu sein.

3. Andere altersgerechte Freizeitbeschäftigungen, die Spaß machen, schränken die Nutzung von Computerspielen und Fernseher auf natürliche Weise ein. Ermöglichen Sie diese.

4. Begrenzen Sie Ihre eigene Bildschirmzeit. Ihre Glaubwürdigkeit leidet, wenn Sie selbst völlig von PC und Smartphone abhängig sind.

5. Machen Sie sich mit den Computerspielen und Lieblingssendungen Ihrer Kinder vertraut, damit Sie wissen, wann eine Unterbrechung möglich ist, ohne dass Sie ihnen die ganze Freude verderben. Bei manchen Spielen ist es zum Beispiel nicht möglich, sie zu unterbrechen, bevor die Aufgabe gelöst ist. Strukturieren Sie die Spielzeit, treffen Sie Vereinbarungen darüber mit Ihren Kindern, zeigen Sie Verständnis.

6. Kinder sollten sich nicht daran gewöhnen, aus Langeweile oder beim Alleinsein als Erstes zum iPad zu greifen. Computerspiele und TV-Sendungen sind eine Freizeitbeschäftigung, kein Kindermädchen.

7. Ausreichend Schlaf, regelmäßige Mahlzeiten, Selbstfürsorge, Familienzeit. Bringen Sie Ihren Kindern so früh wie möglich die Relevanz ganz grundlegender Dinge bei, sodass die Bildschirmzeit erst danach kommt.

8. Befolgen Sie weitestgehend die Altersempfehlungen der Spiele. Es gibt Gründe für eine Altersgrenze von 12 Jahren – selbst im Beisein eines Erwachsenen sollte das Kind dann mindestens 10 Jahre alt sein, um ein solches Spiel zu spielen. Verfolgen Sie also, was heruntergeladen und gespielt wird – auch bei Spielfreunden.

Die Technologie eröffnet einem viele Möglichkeiten, bringt aber auch Nachteile mit sich. Dass sie uns Nähe raubt, ist meiner Ansicht nach einer der größten Nachteile. Viel zu leicht sind wir nicht mehr geistig und emotional präsent. Eltern müssen heute darauf achtgeben, die Nähe zu ihren Kindern wieder mehr zu pflegen. Ein Anfang ist schon, einfach mal den Blick zu heben. Nutzen Sie die sozialen Medien für das, was sie sind – eine Möglichkeit, mit vielen Menschen in Verbindung zu bleiben. Aber widmen Sie sich in erster Linie dem wirklichen Leben – gemeinsam mit denen, die Ihnen am nächsten stehen. Und das sind an erster Stelle Ihre Kinder.

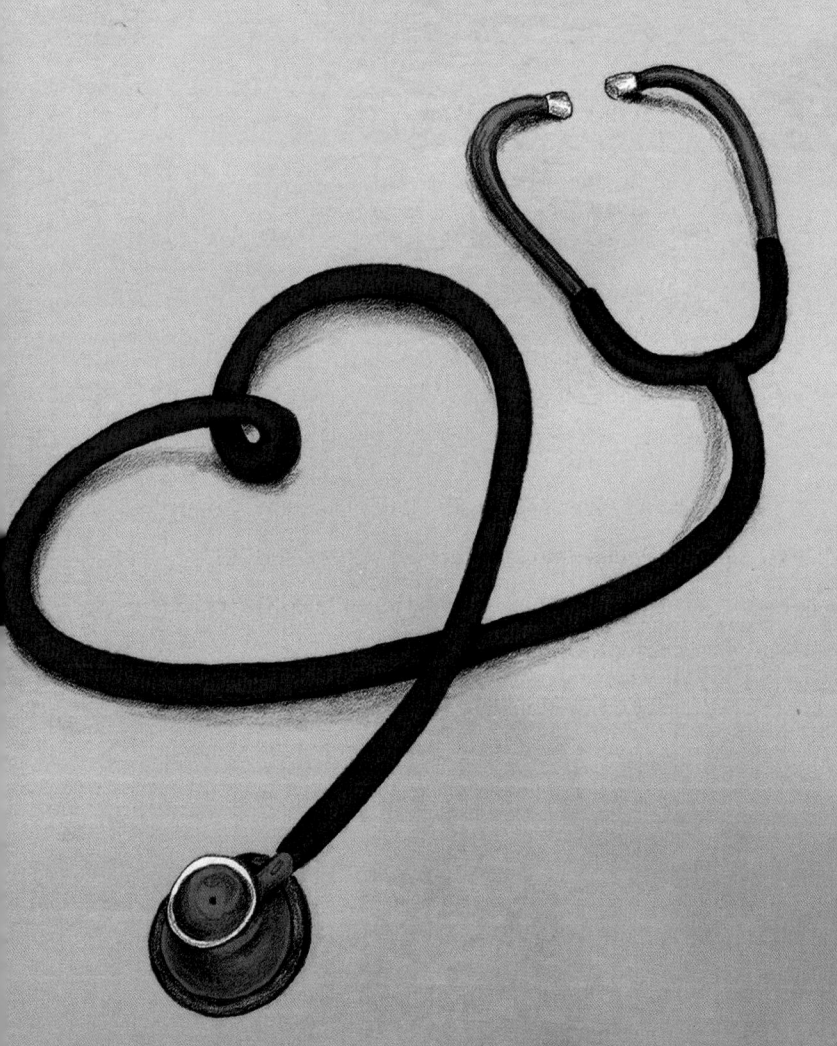

WAS TUN BEI GRÖSSEREN PROBLEMEN?

Ich habe viele Eltern kennengelernt, die alles tun würden, damit es ihren Kindern gutgeht, damit ihr Leben so gut wie möglich verläuft. Aber die Wirklichkeit sieht häufig anders aus. Das Leben verläuft nicht immer optimal.

Ich möchte in diesem Buch deshalb auch denen ein paar Zeilen widmen, die das, was wir als «normal» bezeichnen, nicht kennen. Menschen, die schon beim Ultraschall erfahren haben, dass etwas mit ihrem Kind nicht stimmt – dass es immer anders als andere sein wird. Oder Eltern, die der Lehrer darüber informiert, dass ihr Kind andere quält oder die Schule nicht schafft. Darunter sind Kinder, die nicht schlafen können, was immer auch die Eltern dagegen unternehmen, Kinder mit einer unerklärlichen Unruhe in sich, Kinder, die immer wieder Streit suchen und einen provozieren, Kinder, die das Essen verweigern. Bei manchen

Kindern sind das nur Phasen, bei anderen hält so etwas ein Leben lang an.

Manche Kinder – welche Ursachen es auch immer dafür gibt – verlangen ihren Eltern einfach mehr ab.

Doch was tut man dann?

Hier folgen ein paar Denkanstöße und Tipps.

Wenig hilfreiche Ratschläge

Die meisten Menschen möchten in einem besseren Licht dastehen, nicht zuletzt Eltern. Deshalb hört man von anderen auch leicht Aussagen darüber, wie gut alles laufe und dass sie alles richtig machen würden: «Er lernt ja so schnell», «Sie schläft so lange und ist immer lieb», «Er ist so leicht im Umgang». Aber die Dinge sind selten so, wie wir sie darstellen, wir alle malen unser Leben gerne in schöneren Farben, und dann versetzt man sich nicht länger in die Lage von anderen, denen es schlechter ergeht.

In einem Umfeld, in dem alle so wirken, als wären ihnen Probleme fremd, fühlen Betroffene, die nach Lösungen suchen, sich noch mehr allein. Das gibt ihnen das Gefühl, der oder die Einzige zu sein, der mit Schwierigkeiten zu kämpfen hat. Der gute Rat wohlmeinender Eltern, denen «alles gelingt», kann da ziemlich sinnlos und kontraproduktiv sein. Es ist nun mal etwas ganz anderes, Mutter oder Vater eines Kindes zu sein, das unter Problemen leidet, als ein Kind zu haben, das völlig im Normalbereich liegt.

Jedes Kind erfordert individuelle Herangehensweisen, individuelle Kenntnisse und ein individuelles Verständnis.

Sich Hilfe suchen

Durch meine eigenen Kinder habe ich selbst viele Erfahrungen darüber sammeln können, welche besonderen Bedürfnisse und Schwierigkeiten Kinder haben können. Auch ich bin als Mutter auf die Probe gestellt worden, weil ich nach außergewöhnlichen Lösungen suchen musste. Ich habe selbst eine Trennung von meinem Partner erlebt und es gab Phasen, in denen es mir finanziell schlechtging und in denen ich nicht die Kraft hatte, meiner Mutterrolle gerecht zu werden. Im Rückblick sehe ich das heute klar vor mir, aber ist man selbst in so einer Situation gefangen, erscheint einem alles nur wie ein heilloses Durcheinander.

Ich konnte in meinem Beruf häufig von meinen privaten Erfahrungen profitieren. Der Umgang mit Menschen, die im Zentrum großer Herausforderungen stehen, hat mich eines gelehrt: Ergeht es einem anders als allen anderen, kann man nicht dieselben Rezepte wie alle anderen anwenden. Man muss eine individuelle Lebensweise und einen Rhythmus finden, die zu den eigenen Problemen passen. Darüber hinaus habe ich gelernt, dass selbst Experten nicht immer etwas beizusteuern haben. Ja, es gibt Hilfe, aber es ist nicht unbedingt einfach, die richtige Art von Hilfe zu bekommen.

Als mein ältester Sohn ein Jahr alt war, schlief er nicht – beziehungsweise er schlief, wurde aber innerhalb einer Stunde wieder wach, atmete schwer und bekam ganz offensichtlich nicht genügend Luft. Das wiederholte sich jede Nacht. Ein jeder, der nachts eine Zeit lang beinahe stündlich geweckt worden ist, weiß, dass man nach einigen Wochen kaum noch in der Lage ist, seinen Alltag zu bestreiten. Als ich mit meinem Sohn ärztlichen Rat suchte, legte die Ärztin den Kopf schief, sah mich freundlich an und fragte, ob ich erschöpft sei. Das war ich natürlich. Sie schlug vor, ich sollte es zu Hause beim Putzen nicht so genau nehmen (auch vorher war es schon nicht besonders sauber ...), ihn nicht jedes Mal hochnehmen, wenn er wach wurde (ein völlig nutzloser Rat bei einem Kind, das keine Luft bekommt), und ansonsten erst mal abwarten. Damals hatte ich nicht mehr die Kraft, um Einspruch zu erheben, dachte aber gleich, dass das nicht richtig sein konnte. Ich beschloss, einen anderen Arzt zu konsultieren, der nach einer raschen Untersuchung feststellte, dass mein Sohn eine Mandeloperation brauchte, um wieder freier atmen zu können. Er meinte, es eilte, und zwei Wochen später hatte ich ein Kind, das schlief wie alle anderen auch.

Ist man völlig aufgerieben davon, für ein Kind zu sorgen, dem es nicht gutgeht, kann es eine nahezu unüberwindbare Hürde sein, sich mit irgendwelchen Hilfsangeboten auseinanderzusetzen.

Ärzte und Fachleute begegnen regelmäßig Eltern, die sich grundlos Sorgen machen, sodass ihr erster Rat häufig lautet, dass sich die Sache von selbst wieder geben wird. Oft stimmt das, jedoch nicht immer. Ihr Kind ist darauf angewiesen, dass Sie der Sache nachgehen und erneut nach Hilfe suchen, wenn sich das Problem nicht von selbst löst.

Vielleicht möchte ich Ihnen aber auch nur eines sagen: Als Eltern sind Sie immer der Anwalt Ihrer Kinder – legen Sie diese Rolle nicht ab.

Hilfsangebote

Lenes sechsjährige Tochter ist gerade eingeschult worden. Beide haben große Erwartungen damit verbunden, aber nach ein paar Monaten haben sich diese zerschlagen. Jeder Morgen ist ein Kampf. Die Tochter weint, weigert sich, sich anzuziehen, will nichts essen. Der Abschied von ihr in der Schule ist jedes Mal herzzerreißend. Die Lehrer sind der Meinung, diese Probleme würden sich bald von selbst geben, aber dafür sieht Lene keinerlei Anzeichen. Beim Abholen aus der Schule ist ihre Tochter still und erschöpft. Wie früh Lene auch kommt, es ist nie früh genug.

Sich in einen ganzen Klassenverband einzufügen, ist für einige Kinder mit größeren Schwierigkeiten als für andere verbunden. Bei Sechsjährigen tut sich darüber hinaus gerade so viel in der Entwicklung, dass sie es in diesem Alter oft ziemlich schwer haben.

EINE CHECKLISTE FÜR SCHWIERIGE ZEITEN

1. Ursachenforschung

Geht es Ihrem Kind schlecht, ist es umso wichtiger, dass Sie Führung übernehmen. Welche Ursache könnte es dafür geben? Ist womöglich eine Allergie, eine Krankheit, ein Vorfall in der Schule oder im Kindergarten der Grund? Schreiben Sie auf, was Ihnen Sorgen bereitet, und beobachten Sie, ob diese Auffälligkeiten über einen längeren Zeitraum weiterbestehen oder ein Muster ersichtlich wird. Ist man besorgt, fällt es einem häufig schwer, klar zu denken, das aber fällt leichter, wenn man wieder seine Notizen durchsieht. Suchen Sie Rat bei Fachleuten, aber machen Sie sich klar, dass diese auch nicht immer alle Antworten kennen. Vielleicht müssen Sie erst mit mehreren sprechen, nach anderen Lösungen und alternativen Erklärungen für die Probleme Ausschau halten.

2. Zum Experten werden

Suchen Sie nach Informationen über das Problem. Recherchieren Sie im Internet, tauschen Sie sich mit anderen Eltern aus, suchen Sie das Gespräch mit Fachleuten auf ebenjenem Gebiet. Gibt es einen entsprechenden Interessenverband, nehmen Sie Kontakt zu ihm auf. Als Eltern

müssen Sie zum Experten für das Problem Ihres Kindes werden.

3. Auch Kinder mit Problemen brauchen geregelte Familienverhältnisse

Wie ich in diesem Buch schon häufig erwähnt habe, ist es für Kinder ganz wichtig, dazuzugehören. Sie müssen Teil einer Familie sein, in der geregelte Verhältnisse herrschen. Das gilt gleichermaßen für Kinder mit Problemen. Finden Sie zu einer Normalität und einem Rhythmus, mit dem alle Familienmitglieder gut leben können. Und lassen Sie die Geschwister nicht außer Acht, die leicht ins Abseits geraten, wenn die Sorgen zu groß werden – einmal etwas Exklusivzeit mit einem Erwachsenen pro Woche kann schon viel bewirken.

4. Praktische Hilfe ist Gold wert!

Wenn einem der Alltag viel abverlangt, hilft es schon viel, wenn jemand einfach mal eine Runde den Kinderwagen schiebt, das Abendessen kocht, die Kinder aus dem Kindergarten abholt oder dergleichen. Nehmen Sie praktische Hilfsangebote an und scheuen Sie sich nicht, Menschen Ihres Vertrauens um Hilfe zu bitten – und suchen Sie sich praktische Unterstützung, wenn Ihre Finanzen es erlauben.

5. Ignorieren Sie Ratschläge von «allen anderen»

Man lässt sich nur zu leicht von den Ratschlägen anderer verwirren, die diese gerne erteilen, wenn es bei einem mal nicht so rund läuft. Machen Sie sich bewusst, dass diese gut gemeint, aber nur selten eine Hilfe sind. Sie sind es, die in dieser Situation stecken,

und nur Sie wissen auch wirklich, was das heißt. Sorgen Sie für ein gesundes Gleichgewicht in der Familie.

6. Wenn man selbst Probleme hat

Haben Sie Kinder, müssen Sie alles in Ihrer Macht Stehende dafür tun, um Ihre persönlichen Probleme zu lösen. Einen anderen Weg gibt es nicht. Lassen Sie sich helfen und übernehmen Sie Verantwortung für sich selbst.

Ob es sich nun um vorübergehende Anpassungsschwierigkeiten handelt, die sich mit der Zeit und mit viel Geduld geben, oder ob sich ein Problem herauskristallisiert, das zunächst nicht so leicht ersichtlich war, ist nicht immer einfach zu entscheiden. Ich wünschte mir, dass Eltern mit Problemen wie diesen besser von Seiten der Schule unterstützt würden. Sie sollten auch den Mut haben, das einzufordern und Schulsozialarbeiter und andere in diesem Umfeld angesiedelte Dienste in Anspruch nehmen. Kinder und Eltern brauchen in solchen Phasen Hilfe, und eben dafür gibt es auch Hilfsangebote. Haben Sie den Mut, sich ratlos, hilflos und verletzlich zu zeigen – und entschieden, wenn nötig.

Dasselbe gilt für ein weiteres Elternpaar, das ein halbes Jahr lang zu mir gekommen ist. Ihr Baby schlief schlecht, weinte viel und wollte nicht gestillt werden – alles war anders, als sie erwartet hatten. Der hinzugezogene Arzt war der Ansicht, es gebe keinen Grund zur Sorge. Aber wie soll man sich bei solchen Umständen keine Sorgen machen? Es gibt viele Gründe dafür, dass ein Kind starke Unruhe verspürt. Die unterschwellige Angst der Eltern kann der Auslöser dafür sein, Allergien oder Krankheiten, die noch nicht entdeckt wurden. Manche dieser Krankheiten klingen von selbst ab, manche Art von Unruhe legt sich mit der Zeit. Aber sich darauf zu verlassen, kann riskant sein. Kinder, die von ständiger Unruhe geplagt werden, denen es ganz offensichtlich nicht gut geht, sollten von einem Kinderfacharzt untersucht werden. Darüber hinaus können Familienberatungsstellen Eltern helfen, besser mit der Ruhelosigkeit ihres Babys fertig zu werden.

Jedem, der mich fragt, was man in solchen Situationen tun soll, rate ich, Kontakt zu Fachleuten aufzunehmen, entsprechende Angebote wahrzunehmen – in der Schule, im Kindergarten, im eigenen Stadtteil oder der Gemeinde. Bitten Sie um Unterstützung.

Die Untersuchung des Babys ergab, dass es gesund war. Gemeinsam erstellten wir eine 24-Stunden-Übersicht über den Tagesablauf des Säuglings: Schlafenszeiten, gemeinsam verbrachte Zeit, Essenszeiten. Es ließ sich erkennen, dass der Tagesablauf nie geregelt verlief und selten ein und derselbe Rhythmus herrschte. Wiederkehrende Routinen und eine Vorhersehbarkeit können auf Kinder sehr beruhigend wirken. Häufig brachten diese Eltern ihren Sohn jedoch zu spät ins Bett und zu völlig verschiedenen Zeiten, je nachdem, wie der individuelle Arbeitstag der Eltern verlaufen war. Es hatte sich von selbst so ergeben, weil die Familie nur abends Zeit miteinander verbringen konnte. Indem die Eltern den Tagesablauf einheitlicher gestalteten und ihr Kind früher schlafen legten, verspürte es eine vorher nicht dagewesene Ruhe und Geborgenheit. Die Familie war einfach in einen Teufelskreis geraten, den die Eltern für ihr Kind durchbrechen mussten.

Einen Raum für Kummer und Sorgen finden

Anette und Erik sind ein gestandenes Elternpaar, das sich an mich gewandt hat, weil sie großen Kummer verspüren. Sie bekamen vor einem Jahr ein Wunschkind, doch schon in der Schwangerschaft wurden ernste Beeinträchtigungen diagnostiziert. Ihre Tochter war eine Frühgeburt, und die ersten Monate waren von großer Unsicherheit geprägt – wird sie überleben? Sie hat überlebt, zeigt aber eine Entwicklungsverzögerung und ist anders als andere Kinder. Ihre Eltern leiden unter der ständigen Angst, dass sie sterben könnte, und haben mich aufgesucht, weil sie nicht wissen, woher sie die Kraft nehmen sollen, ihrer Tochter Freude und Hoffnung entgegenzubringen – der Gedanke, dass sie jeden Augenblick sterben könnte, vereinnahmt sie völlig.

Großen Kummer zu verarbeiten und zu überwinden, damit noch Raum zum Leben bleibt, passiert nicht von selbst. Kummer und Sorgen beeinträchtigen uns auch nicht immer im selben Moment oder auf dieselbe Weise. Eltern, die sich in einer schwierigen Situation befinden, werden rasch feststellen, dass ihr Partner damit womöglich auf eine völlig andere Art umgeht als sie selbst. Dann kann es schwerfallen, sich gegenseitig den Rücken zu stärken. Manche brauchen Worte, andere Rituale. Wiederum anderen ist es eine Hilfe, einen Sinn hinter dem Ganzen zu erkennen, und so füllen sie ihr Dasein mit allen möglichen Beschäftigungen, nur um nicht nachdenken zu müssen. Aber wir alle brauchen Akzeptanz und müssen mit der Angst und den Sorgen irgendwohin. Finden Sie so einen Raum dafür, entweder bei einem engen Freund, bei einem Familientherapeuten oder auch einem Pfarrer. Wenn Sie Ihr Leid in Worte fassen können, fällt es Ihnen leichter, sich gemeinsam damit auseinanderzusetzen und zu akzeptieren, dass Ihr Partner dasselbe womöglich auf eine andere Art durchlebt.

Gelegentlich verschließt einem die Vorstellung, wie das Leben hätte sein sollen, den Blick für das, was man schon hat. Eine Frau mit einem behinderten Kind erzählte mir einmal, dass sie irgendwann – ihre Tochter war damals noch klein – nur noch Resignation verspürte: «Soll das jetzt immer so sein?», fragte sie mich und fürchtete, Depressionen zu entwickeln. Ich dagegen hielt ihr vor Augen, dass sie schon viel erreicht hatte. Sie musste erst Klarheit darüber gewinnen, wie die Wirklichkeit aussah, um das Positive an diesem Leben zu erkennen. Ihre Tochter lernte schneller und besser sprechen, als sie und ihr Mann jemals zu hoffen gewagt hatten, und sie beschrieb mir, was für ein schönes Lachen ihre Tochter hatte, wovon sie träumte und welche Spiele sie miteinander spielten. Und als die Frau anfing, ihr Leben realistischer zu sehen, erschien ihr auf einmal alles nicht mehr so düster.

Wenn ein Erwachsener das Problem ist

Manchmal liegt das Problem nicht beim Kind, sondern bei einem Erwachsenen. Eine schlechte finanzielle Lage, schwierige Rahmenbedingungen bei der Arbeit oder Konflikte innerhalb der eigenen Familie können der Grund dafür sein – aber auch Angst und Depressionen, Drogenmissbrauch oder eine ernste Krankheit können bewirken, dass man seinem Kind als Mutter oder Vater weniger gut gerecht werden kann, als man möchte. Seinem Kind nicht geben zu können, was es braucht, ist ein furchtbares Gefühl. Haben Sie das Glück, ein eigenes Kind zu haben, bedeutet das auch, dass es ganz und gar von Ihnen abhängig ist – und davon, wie Sie Ihre Probleme angehen. Nehmen Sie deshalb Kontakt mit Einrichtungen auf, bei denen Sie Rat erfahren, mit Schuldenberatungsstellen, dem Hausarzt oder einer Familienberatungsstelle. Und haben Sie das Gefühl, allein nicht ausreichend für das Wohl Ihres Kindes sorgen zu können, wenden Sie sich an Ihre Familie oder das Jugendamt. Manchmal ist es nun mal unerlässlich, weitere Erwachsene einzuschalten. Einfach nur darauf zu warten, dass irgendwoher Hilfe kommt, ohne selbst die Initiative zu ergreifen, ist nicht genug, wenn man für Kinder die Verantwortung trägt.

Sie sollten selbst aktiv werden.

Auf die Liebe achten

Nimmt ein Kind oder ein Erwachsener mit seinen Problemen viel Raum ein, ist es nicht so einfach, der Partner oder ein Geschwisterkind zu sein. Als Eltern aber müssen Sie ebenso auf Ihre anderen Kinder achten und – seltsamerweise – auch auf die Liebe zwischen Ihnen und Ihren engsten Angehörigen. Dauerhafte Belastungen führen leicht dazu, dass man sich emotional voneinander entfernt, was wiederum dazu führt, dass Partner sich trennen und die übrigen Geschwister sich ungeliebt und unbedeutend fühlen. Sich emotionale Verbundenheit und ein Zusammengehörigkeitsgefühl zu bewahren, fällt da manchmal schwer. Kleine Rituale, wie zum Beispiel eine gemeinsame Runde eines Kartenspiels, können für die Geschwister schon viel bewirken. Ist Ihre Familie größer, sollten Sie sich aufteilen, sodass Raum für Exklusivzeit mit allen Kindern – auch den gesunden – bleibt. Kann Ihnen jemand praktische Hilfe leisten, ist das der Moment, um diese anzunehmen. Vielleicht gelingt es Ihnen – den Erwachsenen – ja, mal wieder alleine spazieren zu gehen, zusammen einen Film zu schauen, gemeinsam eine Tasse Kaffee zu trinken oder auch nur an einem Morgen etwas länger zu schlafen? Dergleichen kann schon einen großen Unterschied machen. Wie wichtig es ist, sich solche gemeinsamen Kleinigkeiten zu bewahren, sollte man nicht unterschätzen, wenn das Leben große Herausforderungen für einen bereithält. Darüber hinaus sollten Sie immer versuchen, miteinander im Gespräch zu bleiben – über das Positive wie das Negative. Das erfordert Zeit und einen entsprechenden Raum, aber Liebe braucht den gegenseitigen Austausch, um zu gedeihen. Versuchen Sie dafür zu sorgen, dass das Schweigen nicht überhandnimmt.

Kinder brauchen Erwachsene, die sich gegenseitig das Gefühl geben, wahrgenommen zu werden, und die am Leben des Partners Anteil nehmen – daraus lernen sie für ihr eigenes Leben. Gleichermaßen wollen Kinder wahrgenommen werden und Anteil nehmen. In schwierigen Zeiten ist es nicht einfach, ein gesundes Gleichgewicht innerhalb der Familie zu bewahren. Halten Sie aber nach Möglichkeiten Ausschau, sich emotional verbunden zu bleiben, und suchen Sie weiterhin den Kontakt, selbst wenn die Lage nicht einfach ist.

Wer auch immer man ist und was auch immer das Dasein für einen bereithält – mit Kindern werden Sie immer wieder mal auf Schwierigkeiten stoßen: Kummer, Verzweiflung und Wut gehören zur Elternschaft dazu. Doch machen Sie sich klar: Jede Kindesentwicklung verläuft anders. Was einem in einer Woche als unlösbar erscheint, kann schon wenige Monate später völlig unproblematisch sein. Manches geht wirklich von selbst vorbei, aber das Kind ist darauf angewiesen, dass die Erwachsenen nach Lösungen suchen und in schwierigen Zeiten Geduld aufbringen.

Muss das Kind selbst Auswege finden, kann das nicht gutgehen. Hat das Kind das Gefühl, sich selbst überlassen zu sein, dann ist wirklich Gefahr im Anmarsch.

Da sein!

Es kommt vor, dass ich einfach nur für einen Moment dasitze und in meiner Praxis die Bücher auf dem Regal betrachte. Sie beinhalten zahlreiche Vorstellungen darüber, was gute Kindererziehung ist, unzählige Studien und Analysen, zehntausende Seiten darüber, was Erfolg verspricht und was nicht. Manchmal stelle ich mir vor, ich würde sie alle aus dem Fenster werfen, sodass die Straßenbahn über sie rüberfährt und die Seiten in der Nachbarschaft verteilt, bis sie sich verflüchtigen.

Wenn man sich in etwas hineinvertieft, lässt man schnell die wichtigsten Dinge außer Acht. Ich kann mich noch an eine Frau erinnern, deren Tochter von anderen Mitschülerinnen geschnitten wurde. Das gehört zu den schmerzvollsten Erfahrungen als Eltern – mitzuerleben, dass das eigene Kind leidet. Die Mutter tat natürlich alles, was sie konnte, um das zu ändern: führte in der Schule Gespräche, suchte den Austausch mit anderen Eltern, wandte sich an Ärzte, lud die anderen Mädchen zu sich ein, um sich mit ihrer Tochter zu treffen, versuchte für ihre Tochter einen Weg zurück in die Gemeinschaft zu finden.

Wenn ihre Tochter abends eingeschlafen war, lag die Mutter

weinend auf dem Sofa. Allmählich bekam sie auch selbst Schlaf-
störungen. Dann aber erhielt sie einen Ratschlag, der alles ver-
änderte: Sie sollte den Blick von allem abwenden, das sie um ihres
Kindes willen unternahm, und stattdessen für es *da sein*. Dabei
ging es um ganz simple Dinge: Zusammen fernzusehen, ihm vor
dem Schlafengehen über den Rücken zu streicheln. Der Mutter
wurde geraten, loszulassen und der Tochter lieber zuzuhören und
nichts anderes zu tun, als sich in ihre Gefühle hineinzuversetzen,
ohne Dinge zu äußern wie: «So darf das nicht sein, das müssen
wir regeln!» Sie konnte weiterhin das für ihre Tochter tun, was sie
für hilfreich erachtete, sollte sie jedoch nicht darin einbeziehen –
sollte nur für einen liebevollen Umgang zwischen ihnen sorgen.
Womit auch immer Ihr Kind zu kämpfen hat, dieser enge Kontakt
ist ausschlaggebend. Und den können nur Sie als Eltern ihm geben,
diese Rolle kann kein Fachmann übernehmen.

Ich habe dieses Buch damit begonnen, drei bedeutende Bausteine für den Aufbau einer engen emotionalen Bindung zu Ihrem
Kind zu beschreiben: einen sicheren Rückzugsort zu schaffen, eine
Gemeinschaft zu sein und Ihrem Kind Bestätigung zu geben. Wenn
Sie noch einmal an den Anfang zurückkehren und erneut darüber
nachdenken, wie Sie das in Ihrer Familie bewerkstelligen können,
werden Sie die Bindung zwischen sich und Ihrem Kind festigen.
Dann wird Ihr Kind nicht nur mit seinen eigenen, sondern auch
mit Ihren Problemen besser umgehen können, und es wird die

nötige Geduld aufbringen, um so lange zu warten, bis Sie die für Sie sinnvollen Lösungen finden.

Ein Kind zu haben, das etwas mehr als andere Kinder braucht, bedeutet, dass Sie als Erwachsener nach Erklärungen fahnden und herausfinden sollten, was Hilfe verspricht. Wenn Sie das aber nur *tun*, sind Sie für Ihr Kind keine wertvolle Hilfe. Kinder, denen es nicht gutgeht, benötigen – mehr als alles andere – Eltern, die ganz *bei* ihnen sind, also geistig und emotional anwesend.

Und deshalb ist es zwischendurch unerlässlich, einmal loszulassen, die Seiten davonflattern zu lassen und sich wieder das in Erinnerung zu rufen, was am allerwichtigsten ist – bewahren Sie eine enge Bindung zu Ihrem Kind. Überlassen Sie Ihr Kind nicht sich selbst.

SUPERHELDEN

Es gibt einen Werbefilm, in dem Kinder und ihre Eltern gefragt werden, mit wem sie am liebsten zu Abend essen würden, wenn sie unter allen Menschen auf der ganzen Welt frei wählen könnten. Die Erwachsenen überlegen lange, erwidern «Barack Obama» oder «Beyoncé» oder nennen weltberühmte Schauspieler, Spitzenpolitiker oder Prominente. Dann schwenkt die Kamera zu den Kindern, die dasselbe gefragt werden, und alle antworten beinahe wie aus der Pistole geschossen – weil die Antwort die natürlichste von der Welt ist –: «Mama und Papa!»

Als Erwachsener wird einem hier deutlich gemacht, welche bedeutende Rolle man im Leben der Kleinen spielt. *Sie* sind für die Kinder das Größte. Nichts ist wichtiger als Ihre Zeit, Ihre Liebe und Ihre Aufmerksamkeit. In den Augen kleiner Kinder sind die Eltern die Helden – die Superhelden. Ihr Kind wird in der Öffentlichkeit immer gut von Ihnen sprechen, wird Sie verteidigen, mit Ihnen angeben und Sie in den allerhöchsten Tönen loben, und das manchmal mehr, als Sie es verdienen.

EIN AUSBLICK

Der Himmel über Oslo kann im Frühherbst ein phantastisches Farbenspiel bieten. Der Sommer verglüht voller Leidenschaft, die Wolken färben sich leuchtend rot, der Himmel rosa. Ich halte inne und blicke nach oben, über die Dächer, nicht nach unten auf die Menschen und die Straßenbahngleise. Während ich so an den letzten Zeilen dieses Buches schreibe, das ein Grundlagenwerk sein soll für all jene, die ihr Leben mit Kindern teilen, frage ich mich, ob Sie als Leser sich von meinen Aussagen auch angesprochen fühlen.

Ich hoffe zumindest, dass Sie etwas aus der Lektüre mitnehmen können oder jetzt vielleicht ein bisschen anders darüber denken, wie Sie sich Kindern gegenüber verhalten. Ihre gewonnenen Erkenntnisse und die Entscheidungen, die Sie in Zukunft treffen werden, sind ganz individuell. Ich steuere nur ein paar Anregungen bei – die richtige Antwort für Ihr eigenes Leben müssen Sie selbst formulieren.

Es ist noch gar nicht lange her, da kam ein 14-jähriger Junge zu mir in die Praxis. Er sagte etwas, das ich nie vergessen werde. Wir

hatten uns schon ein bisschen unterhalten, als er plötzlich inne-
hielt und etwas noch mal überdachte.

«Mir gefällt es nicht, wie die Erwachsenen mit mir reden, wenn
ich wütend bin», sagte er.

«Was meinst du damit?», fragte ich.

«Sie tun das auf so eine schreckliche Art. Reden in sanftem Ton
und sagen die richtigen Dinge – und gehen so als Sieger hervor,
weil sie so vernünftig klingen.»

Ich musste ihm da durchaus recht geben. Selbst wenn Eltern und
Lehrer scheinbar die richtigen Worte sagen, bleibt er als Verlierer
zurück, wenn man ihn damit allein lässt. Sie suchen das Gespräch
mit ihm, um die Situation zu beenden, statt sich auf ihn einzustellen,
was sie gewissermaßen unangreifbar macht. Aber es kommt nicht
so sehr darauf an, die «richtigen» Worte zu sagen – sondern vielmehr auf eine enge Bindung zwischen sich und dem Kind zu setzen.
Manchmal sind alles nur leere Worte. Dem Kind gerecht zu werden,
heißt, persönlich zu werden. Ihr Kind ist darauf angewiesen, dass
Sie sein Gefühl wirklich mit ihm teilen, es muss merken, dass Sie
es wirklich ernst nehmen und verstehen. Meine Tipps sind jedoch
vollkommen wertlos, solange Sie sich diese nicht zu eigen gemacht
haben.

Was ich Ihnen im Grunde raten möchte, ist, sich als Eltern die
Neugier zu bewahren. Wenn Sie Ihrem Kind Fragen stellen und

mit Interesse verfolgen, was es tut, ist das ein guter Ausgangspunkt – die Besserwisser wissen selten mehr. Ich möchte Ihnen auch sagen, dass ich Verständnis dafür habe, falls Ihnen dieses Buch nicht weiterhilft, hoffe aber, dass Sie in dem Fall an anderer Stelle Hilfe finden werden.

Möchten Sie dagegen etwas von dem, das Sie hier gelesen haben, anwenden, bitte ich Sie, dass Sie auf das, was ich Ihnen gesagt habe, vertrauen und daraus lernen – so können Sie in Zukunft Ihr eigener Berater sein.

Und nicht zuletzt: Ihr Kind wird immer zu Ihnen aufsehen, aber es braucht auch Eltern, die Fehler machen und diese einräumen. Kinder müssen uns als authentische Menschen wahrnehmen, nicht als ein Abziehbild. Der authentische Mensch erst bringt dem Kind bei, sich in der Welt der Erwachsenen zurechtzufinden. Der authentische Mensch scheitert, verletzt andere, ist von sich selbst enttäuscht, erlebt gute und schlechte Tage, weint und lacht, ist mutig und feige, und an manchen Tagen gelingt es ihm, ein etwas besserer Mensch zu sein.

Es ist der Alltag, der einen Zauber bereithält; er besteht in einem gelungenen Zusammenspiel, einer gut funktionierenden Gemeinschaft.

Ich wünsche Ihnen nur das Beste – Ihnen – den Eltern – und Ihren Kindern.

Ihrer *Familie.*

EIN KLEINES DANKESCHÖN AN ALL DIE VIELEN KLUGEN MENSCHEN

Fast jeder Gedanke ist schon einmal gedacht worden – und da ist dieses Buch keine Ausnahme. So manches von dem hier zu Papier Gebrachten stammt aus wissenschaftlichen Erkenntnissen, die andere schon vor mir geäußert haben. Ich stütze mich weitestgehend auf Theorien der Entwicklungspsychologie, der Familientherapie, der Systemischen Theorie und der emotionsfokussierten Therapie. Deshalb möchte ich gerne einige Namen hervorheben, die mir in meiner fachlichen Ausbildung und für die Entwicklung meiner Sichtweise von unschätzbarem Wert waren.

Åse Gruda Skard, die erste Kinderpsychologin Norwegens, war eine hervorragende Wissensvermittlerin. Von Beginn meiner Studienzeit an hat sie mich durch ihr Fachwissen, ihre sanfte Sicht-

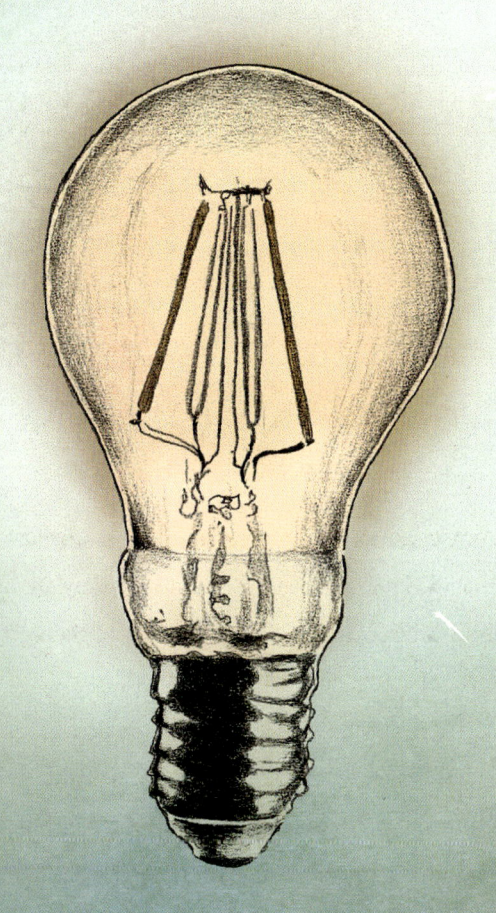

weise der kindlichen Entwicklung geprägt. Schon in den fünfziger Jahren hat sie das Wissen vermittelt, dass Kinder sich nach bestem Vermögen bemühen und immer versuchen, ihr Bestes geben – und das auf eine populärwissenschaftliche Art. Bedauerlicherweise bin ich ihr nie persönlich begegnet, aber ihre Erkenntnisse werden mich immer begleiten.

Eine der großen Stimmen unserer Zeit, die Familie betreffend, ist der Däne Jesper Juul. Die Begegnung mit ihm hat mein Denken verändert. Ich habe bei *FamLab* eine Ausbildung zur Seminarleiterin gemacht, die mich zu einer weitaus gewandteren Wissensvermittlerin hat werden lassen, als ich es zuvor gewesen bin. Juul rückt das Kind an die Stelle, an die es gehört – in die Familie und die Gesellschaft. Er hat außerdem den Mut, gelegentlich Dinge beim Namen zu nennen, die gegen die herrschenden Wahrheiten verstoßen – und hat damit immer wieder recht behalten. Ihm und Hans Holter Solhjell habe ich vieles zu verdanken.

Dr. Daniel Siegel verfasste vor ein paar Jahren das Buch *Gemeinsam leben, gemeinsam wachsen: Wie wir uns selbst besser verstehen und unsere Kinder einfühlsam ins Leben begleiten können*, in dem er die Umgangsweise der Eltern mit dem Kind in Bezug zur modernen Gehirnforschung setzt – eine unschätzbare Quelle für eine vertiefte Vorstellung von der schrittweisen Entwicklung des Kindes – und der eigenen. Ein weiterer amerikanischer Vorreiter auf dem Gebiet der positiven Psychologie, Dr. Martin E. P. Seligman, hat erforscht, wie die Resilienz und der Optimismus des Kindes durch die Art des Umgangs mit ihm gefördert werden kann. Forschungserkenntnisse, die viele Denkanstöße geben – nicht zuletzt deshalb, weil Seligmans wissenschaftlichen Erkenntnisse und Veröffentlichungen so konkret sind. Die Art und Weise, wie man mit Kindern und mit sich selbst spricht, hat unmittelbaren Einfluss auf das, was geschieht. Seine Therapierichtung, die emotionsfokussierte Therapie, hat auch meine Arbeitsweise stark beeinflusst. Dr. Sue Johnson wiederum legt dar, dass die Bewusstmachung von in der Kindheit angelegten Mustern Erwachsenen helfen kann, stabilere Beziehungen einzugehen. Interaktionsmuster werden durch emotionale Verbundenheit und Liebe gebahnt.

Zum Schluss dieser Ausführungen über amerikanische Wissenschaftler möchte ich den Psychologen Ross Greene erwähnen. Er unterstreicht, dass den Eltern die Verantwortung obliegt, das Kind ernst zu nehmen, ihm Verständnis entgegenzubringen und nach Lösungen zu suchen, wenn Kinder mit Schwierigkeiten zu kämpfen haben, und hebt die wichtigste Erkenntnis hervor – dass Kinder sich gut benehmen, *sobald sie dazu in der Lage sind.*

Ich könnte noch viele weitere Namen nennen, aber die soeben genannten nehmen in meinem Bücherregal und in meinem Gedächtnis einen ganz besonderen Platz ein.

Nicht zuletzt möchte ich auch meinen erfolgreichen Kollegen Achtung zollen. Sie lassen mich wachsen und verleihen mir einen klareren Ausdruck. Hier möchte ich vor allem Arne Jørgen Kjosbakken nennen. Die enge Zusammenarbeit mit Arne Jørgen schenkt mir jeden Tag neue Erkenntnisse und lässt mich wachsen. Ich möchte zudem Maureen Baird erwähnen, die meine erste Mentorin auf dem Gebiet der Familientherapie war – ein kluger, scharfsinniger Mensch voller Nachsicht gegenüber allen, mich eingeschlossen.

Mein Dank gilt auch Ihnen, die Rat bei mir suchen, die sich mit Fragen an mich wenden und die ich auf ihrem Weg begleiten darf. Jeder Einzelne hat mich etwas gelehrt. Vor allem aber habe ich etwas über das Schöne, das Menschen miteinander teilen können, gelernt – über die Zuversicht und die Neugierde und darüber, niemals aufzugeben. Dafür bedanke ich mich!

Jetzt bleibt mir nur noch, das Wichtigste zu erwähnen: meine Kinder und meinen Mann. Jeder einzelne Tag in dieser Familie, die aus uns geworden ist, hat einen mutigeren und liebevolleren Menschen aus mir gemacht.

Max, Klas, Mikkel und Kjetil – meine Rasselbande –, ohne euch würde es dieses Buch nicht geben.

EINE KLEINE LITERATURLISTE

Greene, Ross. Das explosive Kind: Plan B für Eltern von kleinen Tyrannen. Edition Spuren 2011.

Johnson, Sue. Halt mich fest. Sieben Gespräche zu einem von Liebe erfüllten Leben. Emotionsfokussierte Therapie in der Praxis. Junfermannverlag 2011.

Juul, Jesper: Dein kompetentes Kind. Auf dem Weg zu einer neuen Wertgrundlage für die ganze Familie. Rowohlt 2009.

Juul, Jesper: Leitwölfe sein. Liebevolle Führung in der Familie. Beltz 2018.

Seligman, Martin P.: The Optimistic Child: A Proven Program to Safeguard Children Against Depression and Build Lifelong Resilience. Houghton Mifflin Harcourt 2007.

Siegel, Daniel J.: Das achtsame Gehirn. Arbor 2012.

Siegel, Daniel J., Hartzell, Mary. Gemeinsam leben, gemeinsam wachsen: Wie wir uns selbst besser verstehen und unsere Kinder einfühlsam ins Leben begleiten können. Arbor 2009.